介護離職はしなくてもよい

「突然の親の介護」に
あわてないための
考え方・知識・実践

Hamada KOICHI
濱田孝一

花伝社

はじめに

これからの四〇代、五〇代に重く圧し掛かる「親の介護」

親の介護、それは突然やってきます。

第一生命経済研究所の調査（二〇一五年）によれば、四〇代、五〇代（両親とも死去した人を除く）を対象に将来の親の介護について聞いたところ、その七五・八％が「不安がある」と答えています。

「介護する期間がどれくらいになるかわからない」
「介護施設（特養ホーム等）には、希望してもすぐには入れない」
「介護の方法や制度に関する情報が十分に得られない（よくわからない）」
「自分以外に家族や親戚で介護できる人がいない」
「親の介護をするために親の家に通うのが大変」
「何かあった時に、すぐにかけつけられない」

多くの人が、同じような不安を抱えています。最近の介護セミナーには、四〇代、五〇代の子供世代の姿が増えており、「突然の親の介護に慌てないよう、どんな準備をしておけばよいか？」という質問が寄せられます。

しかし、それに一般論として答えることは容易ではありません。

要介護状態になるといっても、身体機能の低下、認知症の発症、また、病気やケガで突然要介護になる、少しずつ身体機能が低下していく等、バラバラだからです。さらに、親の年齢、子供の年齢、資産や所得、同居か別居か、近くに住んでいるか遠くに住んでいるか、協力しあえる兄弟や親族の有無等々、事情や環境によっても変わってきます。

親の介護は百人百様であり、あらゆるケースを想定して「事前に万全の準備をする」ということは、残念ながらできないのです。

この、親の介護問題に直面する人は、今後、ますます増えていきます。

この調査が行われた二〇一五年から二〇三五年の二〇年の間に、認知症発症率、重度要介護発生率の高くなる八五歳以上の後後期高齢者は、一気に二倍になります。核家族化の進展によって、その七割は独居または高齢夫婦のみの世帯であり、子供世帯との遠距離化が進み、少子化によって兄弟姉妹は少なくなっています。父・母ともに要介護、また実母、義父など遠方に暮らす複数の親の介護期間がダブル・トリプルで重なることも珍しくはありません。

その一方で、要介護高齢者の増加によって、医療介護費用は右肩上がりで増えていきます。

現在、社会保障関連予算が国の一般歳出に占める割合は五六％、現行制度のまま推移すれば、二〇年後には税収の九割に達することになります。

さらに、少子化によって、都市部を中心に介護人材不足にも拍車がかかります。

現行の高齢者の介護医療制度が、財政的にも人的にもあと一〇年も維持できないことは、誰の目から見ても明らかです。

激増する「介護離職」が個人・家族・社会に及ぼすリスク

このような社会情勢を考えた時、今後、確実に激増するのが「介護離職」です。

要支援・要介護は、日常生活に何らかの支援・介護が必要な状態です。重度要介護、認知症になると、一人では食事をとることも排泄することもできないため、二四時間三六五日、誰かが付き添って介護しなければなりません。

そのような状態の親が実家で一人暮らしを続けることは不可能、特養ホームも一杯ですぐに入所するのは難しい、さらに兄弟それぞれにも事情があって無理……となると、対応策が見つかりません。そうなると誰しも、自分が仕事を辞めて介護するしかないと、「介護離職」に気持ちは向かっていきます。

厚労省の調査によると、介護を理由に仕事を辞める人は年間約一〇万人。これはあくまでも氷山の一角であり、パートや派遣社員、また「親の介護で仕事ができない」という人を加えると、その数倍、実態は五〇万人規模になるという見方もあります。

介護をしながら仕事をしている人は三四六万人と、五年前の調査から一〇〇万人増えています。現在、介護をしていない人でも、約四割の人が五年以内に介護が始まる可能性があると答え、その三人に一人は、「仕事を続けられなくなるだろう」と答えています。

仕事を辞めて、親の介護のために故郷に戻ってきたという話を聞くと、「優しい子供さんで、お母さん（お父さん）は幸せね」という美談になりますが、そう単純な話ではありません。

多くの介護離職者が直面するのは経済的困窮です。「親の年金や蓄えがある」といっても、親が亡くなると年金はなくなります。その時あなたは六〇歳代です。早期退職のため年金額は少なく、そこから仕事を見つけることは容易ではありません。親の貯金も退職金も使い果たし、そのまま生活保護申請というケースも少なくありません。

また、育児と違い、高齢者はできないことが増えていきます。それが五年続くのか、一〇年続くのか、それ以上になる可能性もあります。介護疲れに「親の介護で人生が狂った」「自分一人が貧乏くじを引かされた」とストレスや不満、将来の不安が積み重なり、介護離職者が親を虐待したり、殺してしまったり、心中したりという悲惨な事件も増えています。

その影響は、個人・家族だけでなく、経済・社会にも及びます。

日本の直面する少子高齢社会のリスクの根幹は、支える人と支えられる人のバランスが崩れることです。年齢を問わず、働ける間はできるだけ働いてもらう、社会を支える側にいてもらうというのが、超高齢社会の基本です。しかし、働き盛り世代の介護離職が増えると、その人が行っていた生産活動はゼロになり、それは企業活動にも影響してきます。税収や社会保険料は減少、更に社会保障システムは先細りとなり、増加するのは生活保護世帯だけという、負のスパイラルに突入するのです。

最も必要なものは「気持ちの余裕」

子供が親の介護を行うためには、四つの余裕が必要です。

「気持ちの余裕」「時間の余裕」「体力の余裕」「金銭の余裕」です。

この中で一番大切なものは何でしょうか。「時間の余裕」や「体力の余裕」は、サラリーマンにはありません。「お金の余裕」だと思っている人が多いかもしれませんが、それも間違いです。本書で述べるように、介護特有の問題により、たくさんお金があっても安心・快適な老後を迎えられるとは限りません。

この中で、すべての人に共通し、かつ最も重要なものは、「気持ちの余裕」です。

突然、親に介護が必要になれば、すべての人がショックを受け、慌てます。この焦り、不安、混乱が、介護を失敗させる最大の原因です。

多くの人は「会社に迷惑がかかるから……」と、週末の休みだけ、短期の有給休暇だけで対応しようとします。そうすると、利用できる制度やサービスについて、ゆっくり考える時間がありません。そのため、いざ介護生活が始まっても、「あれが足りない」「これもできていない」「また転倒した」と次々に問題が発生。結局、毎週末帰省しなければならず、会社にも頻繁に電話がかかり、仕事にも支障をきたすことになります。

自宅で一人生活するのは難しい、同居も難しい、仕事も休めないとなると、高齢者住宅への入居が視野に入ってきます。ここでも余裕のない状態で選んでしまうと、生活面・費用面で当初のイメージと大きくかけ離れてしまうのが常です。「こんなところは嫌だ」「家に帰りたい」と訪問のたびに泣かれ、「親に申し訳ないことをした」「もう少し、きちんと考えれば良かった」と、親が亡くなった後もずっと後悔し続けることになります。

将来の見通しのないままの介護離職も同じです。「こんなはずではなかった」「親の介護で人生が狂った」と後悔するのは、親にとっても子供にとっても最大の不幸です。

この「気持ちの余裕を作る」ために必要不可欠となるのが、介護休業制度なのです。

介護休業中の「気持ちの余裕」が「最適の介護プランニング」を生む

介護休業の話をすると、多くの人が「無理だよ」「意味ないよ」という表情をします。

実際、従業者から育児休業の申し出があった事業者（出産した女性がいる事業者内）は八五％であるのに対し、介護休業の申し出があった事業者は、わずか二％にすぎません。政府は「新三本の矢」として、介護離職ゼロの推進を行っていますが、制度としてまったく根付いていない、活用されていないことがわかります。

ただ、この介護休業に関しては、ほとんどの人が勘違いをしています。

それは、介護休業は、家族や子供が入浴介助をしたり食事をつくったりと、直接親を介護するための休業期間ではないということです。「家族は介護してはいけない」と言った方が適切かもしれません。子供が休業期間中にあれこれ親の世話をしてしまうと、「同居していないと親の生活が維持できない」「結局、仕事を辞めるしかない」となり、介護離職推進のための介護休業になってしまいます。

また、介護休業の目的は「介護と仕事の両立」と言われていますが、それも少し違います。介護休業の真の目的・役割は、「親の介護環境・生活環境を集中して整えることで、家族や子供はできる限り従前と同じ生活を行えるようにすること」なのです。

介護離職をしない、させない社会へ

「突然の親の介護」に対して、十全の準備はできません。ただ、介護が必要になった時、親の介護生活のプランニングのために一ヶ月、二ヶ月の時間を確保すれば、その要介護状態に合わせ、冷静に考え、制度を理解し、必要なサービスを選択し、適切な介護生活環境を整えることはできるのです。「一〇〇%の希望を満たす」ことはできなくても、それぞれの事情・環境・希望に合わせて、ベストな方法を見つけ出すことは可能です。それが子供の「親の介護」に対する役割であり、またそれは家族にしかできないのです。

こうしたことがわかっていれば、突然の介護を恐れることはありません。介護休業の取得と介護離職の回避は、間違いなく、個人としてだけでなく、家族のためにも、企業のためにも、そして社会のためにもベストな選択です。

私たちが直面する後後期高齢社会は、「八五歳以上高齢者一〇〇〇万人時代」が二〇七〇年代まで続きます。それを乗り切るには、介護離職をしない、させない社会への変革が不可欠です。そういった社会の到来に向けて、本書では、介護休業制度とは何か、その間に家族は何をするのか、誰に相談するのか、自宅で生活を続ける場合の役割、高齢者住宅を選ぶ場合の注意点、さらには企業の取り組み、制度の取り組み、「突然の介護」になる前にできることは何かについて、整理をして考えていきたいと思います。

介護離職はしなくてもよい――「突然の親の介護」にあわてないための考え方・知識・実践◆目次

序章

介護離職が激増する社会——後後期高齢社会の衝撃

超高齢社会にかかる諸問題は、年金・介護・医療・貧困・福祉など、多岐に渡ります。中でも、直面する大きな壁が「介護問題」です。

介護は、要介護高齢者だけの問題でありません。取り巻く家族の生活や就労、ひいては納税や経済活動にも影響してくる社会問題です。

1　激増する介護需要、絶対的に不足する人材・財源

「後後期高齢者＋高齢核家族化」で激増する介護需要

「高齢化社会」「高齢社会」「超高齢社会」の違いをご存知でしょうか。

高齢化社会は高齢化率（総人口に占める六五歳以上人口の割合）が七％、高齢社会は一四％、超高齢社会は二一％を超えた状態です。日本は二〇一八年の段階で二八％を超え、超高齢社会の次のステージに入っています。

ただ、日本型超高齢社会の特徴は、「高齢化率」だけではかれません。

高齢者は、大きく六五歳～七四歳までの前期高齢者、七五歳～八四歳までの前後期高齢者、八五歳以上の後後期高齢者に分類することができます。

高齢者が増えるといっても、六五～八四歳までの前期＋前後期高齢者の数は、二〇二〇年がピークで、以降なだらかに減少していきます。

また、現在の前期高齢者、特に六〇代後半は、壮年後期と言ってよい年齢で、従来の「高齢者＝お年寄り」というイメージではありません。総務省の「労働力調査」によると、男性の場合、六五～六九歳の二人に一人が、七〇～七四歳代でも三人に一人が働いています。女性でも、それぞれ三人に一人、五人に一人が仕事をしています。年齢を問わず、働けるうちは少しでも働いてもらう、できるだけ社会を支える側にいてもらうというのが、超高齢社会の基本です。

これに対して、今後、直線的に増加するのが八五歳以上の後後期高齢者です。

二〇一五年の四九四万人から、二〇一九年には五九五万人、そのまま四年毎に一〇〇万人という驚異的なスピードで増え続け、二〇三五年には一〇〇〇万人を突破、そこから二〇七〇年代まで一〇〇〇万人前後で推移することがわかっています。

日本が直面するのは、他に類例のない、この「後後期高齢社会」です。

日本の高齢化は、現在七〇歳前後の団塊世代の高齢化だと思っている人が多いのですが、いま四〇代、三〇代の人が高齢者になった時には、状況はより厳しくなっています。二〇二〇年から二〇三五年まで急速に進展し、二〇三五年から二〇七〇年代まで「八五歳以上　一〇〇〇万人時代」が続くという分厚く巨大な壁なのです。

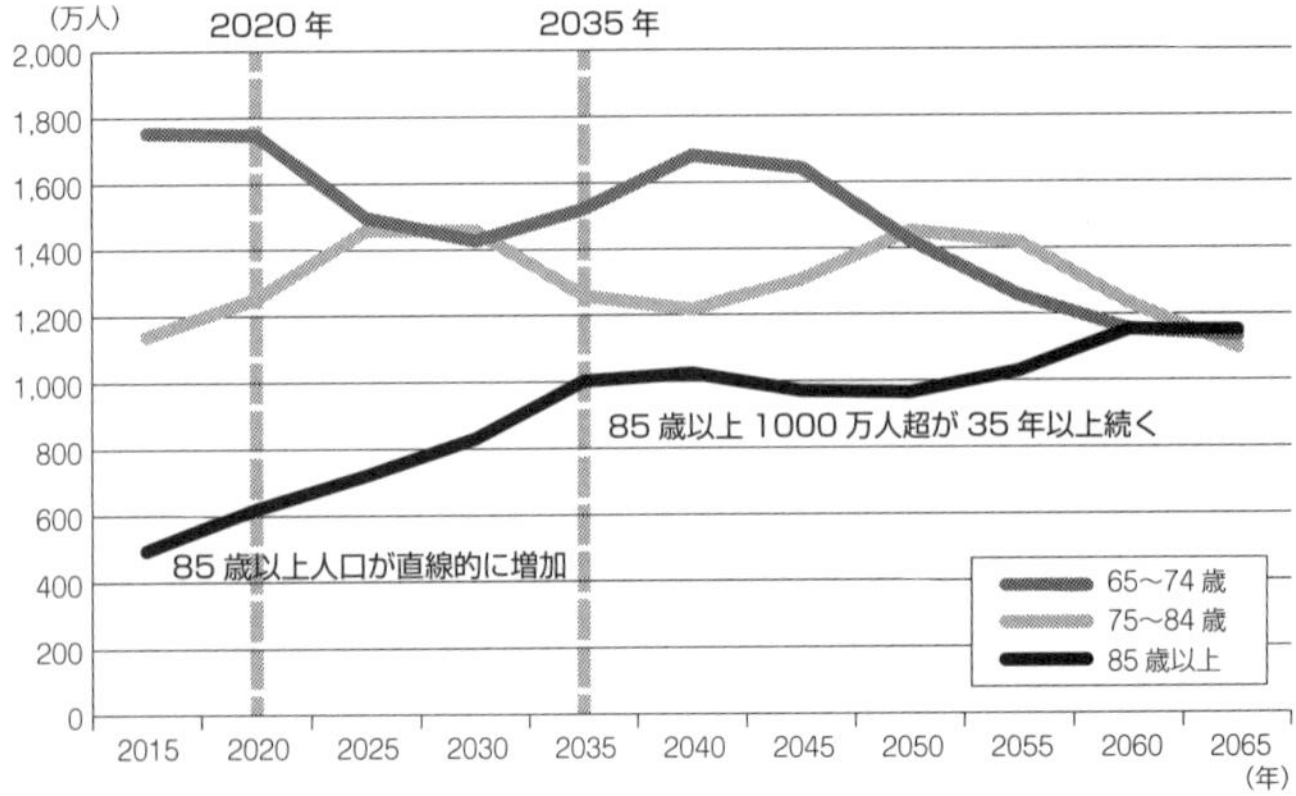

年齢別　要介護発生率（%）

	要支援	要介護1〜2	要介護3〜5
65歳〜74歳	1.37	1.55	1.33
75歳〜84歳	6.72	7.29	5.65
85歳〜	13.25	22.26	23.49

図表0－1　後後期高齢者の増加と要介護発生率の変化

後後期高齢者の増加が介護問題に直結するのは、八五歳を超えると要介護発生率、特に、要介護3以上の重度要介護発生率が一気に高くなるからです。

図表0－1のように、前期高齢者の重度要介護発生率は一・三三%、前後期高齢者でも五・六五%ですが、後後期高齢者では二三・四九%となります。認知症有病率も、八〇〜八四歳（二二・四%）から八五〜九〇歳（四四・三%）へと、一気に二倍になると報告されています。八五歳以上の高齢者の六割は、何らかの生活支援、介護がなければ生活できず、四人に一人は、二四時間三六五日、

千世帯（割合）

	総数	単独世帯	（後期高齢）核家族		
			夫婦のみ	夫婦と子	ひとり親と子
2020年	2,749千世帯	1,249千世帯（45.4%）	635千世帯（23.1%）	182千世帯（6.6%）	342千世帯（12.4%）
2025年	3,223千世帯	1,444千世帯（44.8%）	761千世帯（23.6%）	219千世帯（6.8%）	396千世帯（12.3%）
2030年	3,743千世帯	1,660千世帯（44.3%）	898千世帯（24.0%）	258千世帯（6.9%）	455千世帯（12.2%）
2035年	4,560千世帯	1,993千世帯（43.7%）	1,119千世帯（24.5%）	322千世帯（7.1%）	548千世帯（12.0%）
2040年	4,648千世帯	2,038千世帯（43.9%）	1,135千世帯（24.4%）	326千世帯（7.0%）	560千世帯（12.0%）

国立社会保障・人口問題研究所　「日本の世帯数の将来推計　2018年推計」

図表0－2　世帯主85歳以上の世帯の家族類型別世帯・割合の将来推計

包括的、継続的な手厚い介護が必要になるのです。

この介護需要に拍車をかけるのが、「独居高齢者」「高齢夫婦世帯」の増加です。

国立社会保障・人口問題研究所の「日本の世帯数の将来推計（二〇一八）」によると、二〇二〇年、八五歳以上の高齢者のいる世帯のうち、「独居世帯」が一二四万九千世帯、「夫婦のみ世帯」が六三万五千世帯。これが二〇三五年には、それぞれ一九九万三千世帯、一一一万九千世帯と一・七倍になります。後後期高齢者だけの世帯が全体の七割、「後後期高齢者＋未婚の子」という世帯を含めると、八七％に上ります。

都市部への人口集中が進んだため、「子供世帯との遠距離化」も一つの特徴です。

子供は進学や就職で故郷を離れ、そのまま別の都市で結婚、別世帯を作っています。親は関西に、長男は関東に、長女は夫の転勤で九州に……などというケースも珍しくありません。また、親の介護に直面する子供の年代は、四〇代後半～六〇代前半です。通常のサラリーマンの場合、役職や責任が肩にかかる一番忙しい年代です。

一〇年前に厚労省が行った調査（介護の意見募集）では、親が要介護になった時、「家族介護と外部の介護サービスを組み合わせて自宅で生活を続ける」と考える人が半数に上ると報告されていますが、実際は子供や家族が介護できるような環境にはなっていないのです。

要介護高齢者を支える人材・財源は絶対的に不足している

高齢期に要介護状態になれば、公的な介護保険制度が利用できます。

ただ、介護需要が激増し、それが三〇～四〇年に及ぶ中で制度を維持し続けるには、比例してそれを支える人とお金が必要になります。しかし、その見通しは明るいものではありません。

一つは介護人材です。

高齢者介護は労働集約的な仕事です。トップセールスマンが一人で一〇台の車を売るのとは違い、ベテランの介護スタッフでも押せる車いすは一台です。食事介助も排泄介助も、介護が必要な人が増えると、比例して介護スタッフの増員が必要になります。同時に、専門性の高い仕事であり、一瞬の隙、小さなミスが骨折・死亡につながる責任の重い仕事でもあります。単

（千人）

	人口総数	15～64歳	65～74歳	75～84歳	85歳以上	高齢化率	生産年齢人口／85歳以上人口
2015年	127,095	77,282	17,536	11,389	4,943	26.6%	15.6人
2020年	125,325	74,058	17,472	12,517	6,203	28.9%	11.9人
2025年	122,544	71,701	14,971	14,597	7,203	30.0%	9.9人
2030年	119,125	68,754	14,276	14,578	8,306	31.2%	8.3人
2035年	115,216	64,942	15,220	12,579	10,018	32.8%	6.5人
2040年	110,919	59,777	16,814	12,155	10,237	35.3%	5.8人
2045年	106,421	55,845	16,425	13,069	9,698	36.8%	5.8人
2050年	101,923	52,750	14,236	14,526	9,644	37.7%	5.5人
2055年	97,441	50,276	12,580	14,176	10,286	38.0%	4.9人
2060年	92,840	47,928	11,537	12,348	11,518	38.1%	4.2人
2065年	88,077	45,291	11,331	10,965	11,514	38.4%	3.9人

2015年度国勢調査、国立社会保障・人口問題研究所の将来推計人口をもとに作成

図表0－3　後後期高齢者人口・生産年齢人口の将来推計・対比

純労働ではありませんから「外国人労働者に丸投げ」や、認知症や判断力低下の問題があるため「介護ロボットにお任せ」はできません。

しかし、私たちが立っているのは、介護需要が急激に増加する一方で、それを支える側の労働人口が直線的に減少していくといういびつな社会です。

図表0－3の通り、二〇二〇年の生産年齢人口（一五～六四歳）は七四〇〇万人ですが、二〇三五年には九〇〇万人減の六五〇〇万人、二〇四五年には五六〇〇万人となります。これを

	2010年	2015年	2020年	2025年	2030年	2035年	2040年
秋田	14.0	9.3	6.9	5.9	5.4	4.2	3.5
高知	12.3	8.6	7.0	6.3	5.5	4.3	3.9
島根	11.3	8.2	6.6	6.1	5.7	4.6	41
北海道	19.4	12.9	9.4	7.6	6.3	4.8	4.1
徳島	14.7	10.1	7.9	7.0	6.2	4.8	4.2
青森	18.9	12.7	9.2	7.6	6.6	5.1	4.2
長崎	15.0	10.7	8.3	7.2	6.4	5.0	4.2
神奈川	30.2	20.1	14.5	11.3	8.9	6.9	6.3
埼玉	33.2	23.2	16.6	12.3	9.2	7.0	6.4
滋賀	23.1	16.7	13.4	11.6	9.6	7.4	6.6
京都	23.1	16.7	13.4	11.6	9.6	7.4	6.6
愛知	29.5	20.3	15.2	12.2	9.8	7.7	7.2
沖縄	25.8	19.6	14.8	12.2	11.4	9.2	7.3
東京	29.1	21.1	15.8	13.0	10.7	8.6	7.9

国立社会保障・人口問題研究所　日本の地域別将来推計人口　をもとに作成

図表0－4　都道府県別85歳以上人口1人当たり生産年齢人口の推移

後後期高齢者人口で割ると、二〇二〇年の一一・九人から二〇四〇年には五・八人となり、今の半分以下の人間で八五歳以上の高齢者を支えなければなりません。

自治体別にみると、更に厳しい状況が見えてきます。

図表0－4は、一人の八五歳以上の高齢者を何人の生産年齢人口で支えるのかという将来推計の指標を、都道府県別に上位と下位に分けて整理したものです。秋田では、二〇二〇年の段階で、一人の後後期高齢者を六・九人の生産年齢人口で支えていますが、二〇四〇年には三・五人になります。北海道や東北、四国、九州などの地方で数字が小さくなるのは、それだけ少子高齢化が進んでいることを示しています。

一極集中と言われる東京や近郊の都市部でも、これから少子高齢化は進んでいきます。神奈川では二〇二〇年の一四・五人から二〇四〇年には六・三人と半数以下に、埼玉では六割減、その他愛知、京都など他都市でも半減します。

都市部の方がまだ数値が高いから大丈夫という話ではありません。今でも、介護スタッフの確保に最も苦労しているのは東京や神奈川といった大都市です。それは介護以外の仕事がたくさんあるからです。抜本的な対策を打ち出すことができなければ、一気に高齢化が進む都市部では、この一〇年内に「保険あっても介護人材なし」という状態になるでしょう。

「高齢者医療・介護費用＋コロナ禍」で急速に膨れ上がる国の財政赤字

もう一つの問題は、財政です。

二〇二〇年度、コロナウイルスの感染拡大に伴って大規模な補正予算が組まれ、国の予算は二次補正が終了したところで歳出合計が一六〇兆円規模となりました。七〇兆円の税収に対し、新規国債発行額九〇兆円、公債依存度五六・三％、基礎的財政収支は六六・一兆円の赤字。これはあくまでも予算規模ですから、景気悪化による消費低迷や法人収益の悪化、納税猶予などによって税収は下がることが予想され、赤字幅は更に拡大するでしょう。

また、コロナ禍による景気の低迷は世界的なものですから、単年度でＶ字回復する見込みは薄く、日本がバブル崩壊後に見舞われたデフレスパイラル、失われた一〇年が世界規模で発生するリスクは小さくありません。

「世界的な危機だから仕方ないじゃないか」と多くの人が考えているでしょう。私もそう思います。ただ問題は、「今さえ乗り切れば、何とかなる」という話ではないということです。これからの日本が恒常的な財政赤字へと突き進む最大の原因は、社会保障費、特に、高齢化に伴う医療費・介護費の増加です。

図表0‐5のように、〇～六四歳までの国民医療費は、一人平均年間一九万円ですが、六五歳を超えると七四万円、八五歳以上では一〇八万円となります。糖尿病、高血圧などの生活習慣病や、それを起因とする心臓病、脳血管障害によって、日常的に医療を必要とする人が増えるからです。一人当たりの介護費用も、七五～七九歳では一七万円程度ですが、八〇～八四歳では四〇万円、八五～八九歳では八〇万円、九〇歳を超えると一五三万円と倍々に増えていきます。

厚労省の「二〇四〇年を見据えた社会保障の将来見通し」によると、国民医療費は二〇一八年の三九兆円から二〇四〇年には七〇兆円規模に、介護費用は一一兆円から二五兆円になると試算しています。二〇二〇年でも、社会保障関連予算が国の一般歳出に占める割合は五六％、現行制度のまま推移すれば、二〇年後には税収の九割に達することになります。

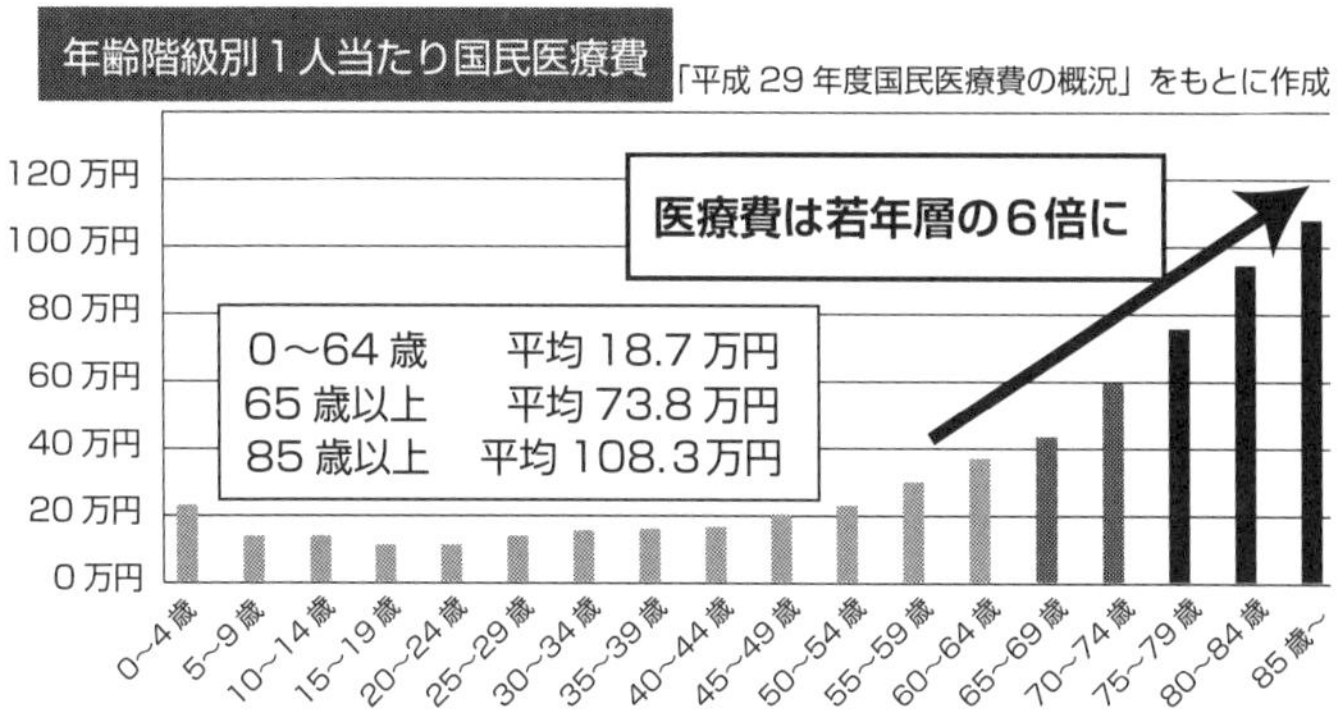

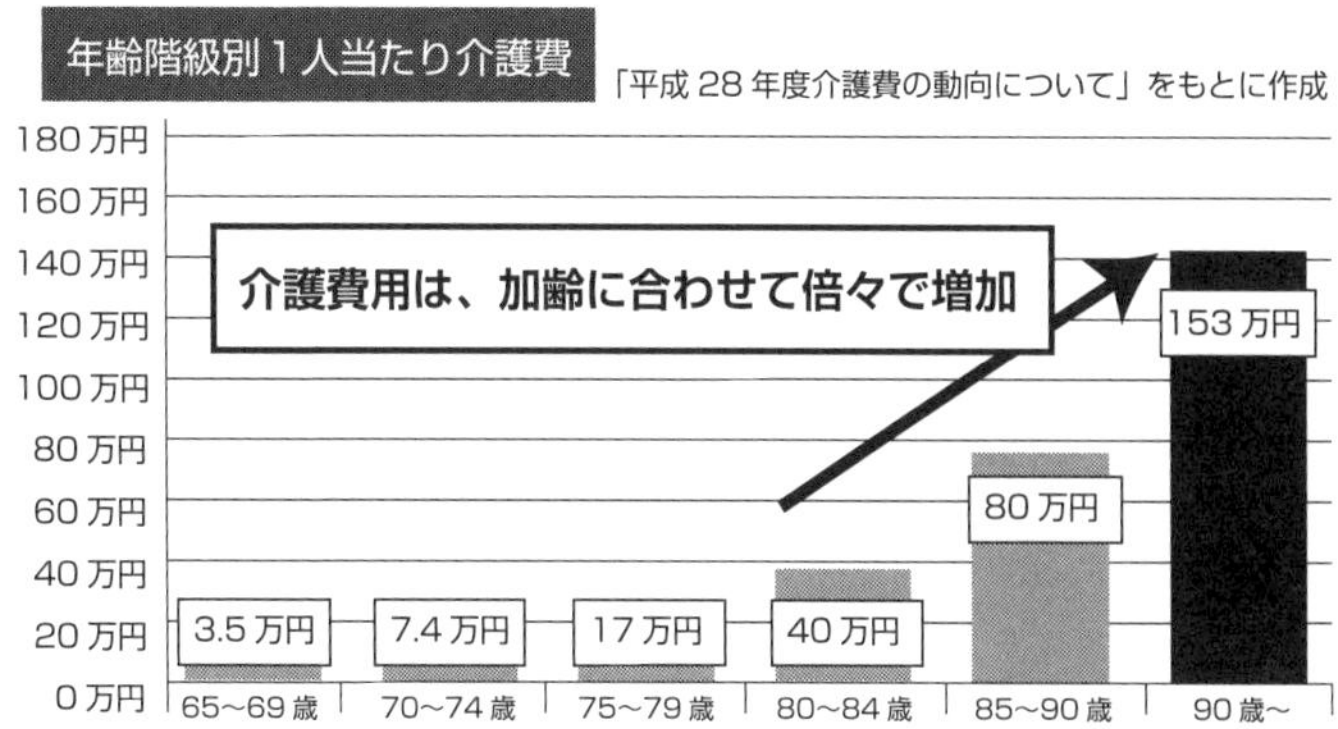

図表０－５　年齢階級別１人当たり国民医療費・介護費

「日本は資産も多くバランスシートは健全だ」「一〇〇兆円くらい赤字が増えても大丈夫」という人がいますが、あくまでそれは現状の話です。経済は様々な要因によって好景気・不景気が波のように循環しますが、医療・介護費は直線的に増え続けます。国だけでなく自治体の負担も増えますから、医療介護システムを維持するためには、地方交付税交付金も増加させなければなりません。

毎年、二〇兆円、三〇兆円規模の負債が積み増しされ、その時代が三〇年、四〇年と続くことになるのです。それでも日本の財政は問題ないといえるのか、といえばそうではないでしょう。これは、可能性やリスクではなく、確実にやってくる未来です。

「無駄な公共事業や防衛費を削って、社会保障に回せ」という人もいますが、仮にそれらをすべてゼロにしても社会保障費の増加額には追いつきません。現在の社会保障制度が財政的に、高齢者の増加、介護需要の増加に耐えられないことは明らかなのです。

「地域包括ケアシステム」によって、自治体の介護格差が生まれる

この人材不足と財政不足はリンクしています。

「介護人材不足を解消するために介護報酬を上げろ」という声は大きいのですが、報酬を上げると介護保険財政はさらに悪化します。「景気が悪くなれば介護人材も戻ってくる」という

人がいますが、景気の悪化は税収や社会保険料収入の低下につながります。

自治体によっても課題は違います。東京を中心とした大都市部は財源があっても、介護人材の確保がより困難になりますし、逆に地方では「高齢者ばかり」「介護以外の仕事がない」となれば財政が持ちません。

これは、あと一〇年内の話です。何らかの方法で、経済を活性化しつつ、介護人材を確保し、かつ高齢者医療・介護費用の圧縮をすすめていかなければならないのです。

そのための一つの方法が、地域包括ケアシステムへの転換です。言葉だけは聞いたことがある人も多いでしょう。一言で言えば高齢者医療・介護施策の地方分権です。

これまで、高齢者の医療・介護体制は、国の指針に基づいて全国一律に整備されてきました。セーフティネットとして、自治体によってその施策に厚薄、優劣がないように、全国どこの都道府県、市町村でも、同じレベルのサービスを供給するという考え方です。

しかし、この「全国共通ケアシステム」では、それぞれの地域の特性やニーズにきめ細かく対応することができません。そのため、国ではなく、それぞれの基礎自治体（市町村）が主体となり、高齢者の「住まい・医療・介護・予防・生活支援」が一体的に提供できる、効率的・効果的な地域包括ケアシステムを構築しようという方針に変わったのです。今後、高齢者関連の権限・財源は、都道府県や市町村に移されることになります。

ただ、それは諸刃の剣でもあります。「全国共通ケアシステム」から「地域包括ケアシステム」に移行しても、それぞれの自治体で財政問題や人材確保の課題が解消するわけではありません。その結果、それぞれの自治体の取り組みや行政マネジメントの優劣によって、要介護高齢者になった時に受けられる医療介護サービスに、格差が生まれることになります。

二〇四〇年には自治体の半数が消滅の危機に瀕すると言われていますが、その引き金を引くのは、この地域包括ケアシステムの失敗です。公的な介護保険制度や医療保険（健康保険）制度は崩壊することはありませんが、域内の医療介護費のコントロール・マネジメントができない自治体は、「財政健全化団体」「財政再建団体」に転落、消滅することになります。

それは、人口減少だけではなく、医療介護問題が深くかかわっているのです。

2　介護離職の増加は社会にとって大きなリスク

激増する「介護離職予備軍」

このような社会情勢を考えたとき、今後、確実に増加すると考えられているのが、親の介護を理由に仕事をやめる「介護離職」です。

「脳梗塞の疑いで救急搬送された」と会社に突然の電話。驚いて駆けつけ「命を取り留めた」とホッとしたのもつかの間、「重い麻痺が残る」と聞き、不安で目の前が真っ暗になります。

離れて暮らしていると、認知症の発見が遅れます。三ヶ月ぶりに帰省すると、髪はぼさぼさ、家の中はゴミだらけ、冷蔵庫の中の食べ物も腐り、キャッシュカードは暗証番号のミスで使えなくなっているという現状に愕然とします。

地域包括支援センターに相談するも、「一人で生活するのは難しい」「特養ホームも一杯ですぐには入れない」と言われ、他の兄弟姉妹も、「うちのマンションは狭いから」「子供が受験だから」とそれぞれに事情があり、対応方法が見つかりません。

「私が実家に帰るしかないか……」

「まだ独身だし……」「うちは子供もいないし……」

「親の家と預貯金があるし、親の年金もあるし……」

「景気も悪いし、ボーナスも減ったし……」

「子育ても終わったし、いまなら早期退職で割増退職金が出るし……」

「親の介護が落ち着けば、また働けばいいし……」

と、介護離職に気持ちが向かっていきます。

就業構造基本調査（平成二九年）によると、介護を理由に仕事を辞めた人は年間約一〇万人、介護をしながら仕事をしている人は三四六万人と、前回（平成二四年）と比較すると一〇〇万人増えています。ただ、この数字は氷山の一角だとされており、東レ経営研究所によると、企業内隠れ介護者数は、サラリーマンの四人に一人（一三〇〇万人）にのぼるという報告もあります。

また、三菱ＵＦＪリサーチの「仕事と介護の両立支援に対する調査」によれば、現在介護をしていない人でも、四割の人が五年以内に介護が始まる可能性があると答え、その三人に一人は、「仕事は続けられなくなるだろう」と答えています。

「介護離職はダメ」という人が多いのですが、これは「良いか、悪いか」という問題ではありません。「大切な父母だから、できるだけ自分で介護をしたい」と思うのは、子供として当然のことです。様々な事情を勘案して、最大の努力をしても「介護離職を選択せざるを得ない」というケースもあるでしょうし、介護費用圧縮で、一人暮らしに必要な介護サービスがスムーズに利用できなくなれば、家族で誰かが介護するしかありません。

しかし介護離職は、個人・家族としてだけでなく、企業としても、社会としても極めてリスクの高い選択だということを理解しておかなければなりません。

6ヶ月未満	〜1年未満	1〜2年未満	2〜3年未満	3〜4年未満	4〜10年未満	10年以上
6.4%	7.4%	12.6%	14.5%	14.5%	28.3%	14.5%

生命保険文化センター「生命保険に関する全国実態調査」／平成30年度

図表0−6　家族が介護を行った期間（介護途中を含む）

介護のストレスが虐待・ネグレクトへ

育児も介護も大変なことは同じです。ただ、高齢者介護の難しさは「介護期間が想定できない」ということです。

生命保険文化センターの調査によると、家族が介護を行った期間の平均は四年七ヶ月となっています。ただ、同じ年齢・性別、同じ疾病、同じような要介護状態であっても、要介護期間はバラバラです。

介護離職を決意して長年勤めた会社を退職、実家のある地域に戻ってきた途端、脳梗塞が再発して、そのまま亡くなるというケースもあります。退職前は勤続年数三〇年、五〇代で課長・部長の役職にあったとしても、市場価値の高い特殊な知識・技術を持っていない限り、再就職しても給与は半分程度になります。

逆に、一〇年、一五年と介護期間が長くなることもあります。五三歳の時、一人暮らしをしていた八〇歳の母親のために介護離職をして、九〇歳で母親が亡くなると、あなたは六三歳です。自分の望む職種・待遇の仕事を選ぶというよりも、パートや派遣でも雇ってくれるところを探すことさえ難しくなる年齢です。しかし、そこからあなたの人生は、まだ二〇年、三〇年残っています。その時に本当に後悔しないのか、です。

それは介護中でも同じです。「仕事を辞めなければよかった。こんなはずでは……」という後悔は様々な形で表れてきます。

私が介護、福祉の現場にいて感じていたことは、「介護離職は介護虐待のリスクが高くなる」ということです。「自分の家族に介護してもらうのが一番幸せ」という人がいますが、そう簡単な話ではありません。「親の介護のために」と同居し、介護を始めても、専門的な知識や技術がなければ、要介護状態や認知症は、短期間で悪化していきます。育児の場合、子供は一人でできることが増えていきますが、逆に高齢者はできないことが増えていきます。食事中に味噌汁をこぼしたり、認知症が進んで夜中にゴソゴソと起きだしたり……ということが続くと、介助者の疲労やストレスが溜まっていきます。それが、五年続くのか、一〇年続くのか、トンネルの先が見えないのです。

夜中に何度もトイレに起こされ、「いつまでこんなことが続くのか」と感情的になり、暴言を吐いたり無視をしたりと、虐待やネグレクトが進んでいきます。「自分だけが貧乏くじを引いた」「他の家族は何もしない」と兄弟姉妹や親族との関係も悪くなり、疎遠になっていきます。

感情の歯止めが利かなくなり、突発的に親を殺してしまうという介護殺人も多数報告されています。家族による介護虐待のニュースを聞くと「ひどい子供だ」と思いがちですが、介護をしていない家族が虐待をすることはありません。それは「親のために、自分で介護を」と抱え込み、頑張りすぎて逃げ場所がなくなり、「助けて！」という叫びの裏返しであるケースは少なくないのです。

親の年金や預貯金はあてにはできない

介護離職では、お金の問題も考えなければなりません。

「親の状態が落ち着けば仕事を探す」という人もいますが、四〇代、五〇代で、常勤で自分の望む仕事、かつ残業もなく介護と両立できる仕事など、よほどの特殊技術をもつか、幸運が重ならない限り見つかりません。結局、「慌てる必要もないから、ゆっくり探そう」と、ずるずると先延ばしになります。そして、そのまま二年、三年が経つと、働く気力がなくなっていきます。

「親の貯金や年金もあるから」という人も多いのですが、それは甘い考えです。働きながら一〇〇〇万円、二〇〇〇万円を貯蓄することは大変ですが、働かなければ数年でなくなります。当然、親が死亡すれば年金はなくなります。早期退職のため、退職金・年金ともに少なく、ストレスから糖尿病や高血圧などのリスクも高くなり、七〇代、八〇代になれば、あなたも介護が必要になります。

八〇代の親の介護をするために五〇代で介護離職をすると、「親+自分の生活費」が一〇年～一五年、「その後の自分の生活費」が一〇年～一五年、「自分が要介護状態になった時の生活費」が一〇年～一五年程度必要になります。

親の介護を抱えながら、切り詰めた生活を持続するのは苦しいものです。更に今後、年金支給額や年金支給開始年齢の見直し、医療費、介護費用の値上げが予想されます。そう考えると、独身者であっても、五〇代で介護離職をするには、親の年金、自分の年金以外に、預貯金が一億円はないと余裕をもって介護離職後の生活を維持することはできないでしょう。

今でも、親が亡くなった途端に生活保護の受給申請という人が少なくありません。近年、「パラサイト・シングル」「八〇五〇問題」が社会問題として取り上げられることがありますが、四〇代、五〇代での介護目的の離職・同居であっても、結果は同じことになります。

また、介護離職によって手放すのは仕事・収入だけではありません。特に、仕事を辞めて故郷に戻るとなると、それまで培ってきた人間関係、社会関係が断ち切られ、一気に世界が狭くなります。外に行くのは買い物だけ、それ以外はテレビを見たり、インターネットを見たりという目的やハリのない生活になります。

介助者が精神的に追い込まれ、うつ病になり、介護していた親よりも子供が先に亡くなる、親を道連れに自殺するという最悪のケースも多いのです。

個人の問題が社会のリスクへと拡大する

介護離職という選択が引き起こすのは、個人のリスクだけではありません。

夫や妻、子供と別居して一人で実家に戻る「介護単身赴任」の場合、生活費は二倍以上かかります。「大切な母だから自分で介護したい」という妻や夫の気持ちを尊重して、最初は「わかった、頑張って」と納得していても、収入が大きく減れば、家計の負担、自分達の将来の不安は重くのしかかります。少子化によって兄弟姉妹は減っていますし、「義父も転倒して要介護状態になった」となれば、「どうして、そっちだけ……」となります。配偶者や子供との関係も悪くなり、「介護単身赴任」「介護離婚」と家族が崩壊、更に孤立が進んでいきます。

有能な人材が介護によって離職することになれば、会社にとっても大きな損失です。親の介護が必要になる世代は、四〇代後半～六〇代前半が中心です。一般の会社で言えば、課長～部長など企業・組織の中核になっている世代です。親の介護の問題はある日突然やってきますから、介護離職も突然やってきます。知識や経験をもった代わりの人材が簡単に見つかるわけではありませんから、会社組織にとっても大きなダメージです。

そして、それは社会の損失へと波及していきます。少子高齢社会のリスクの根幹は、経済活

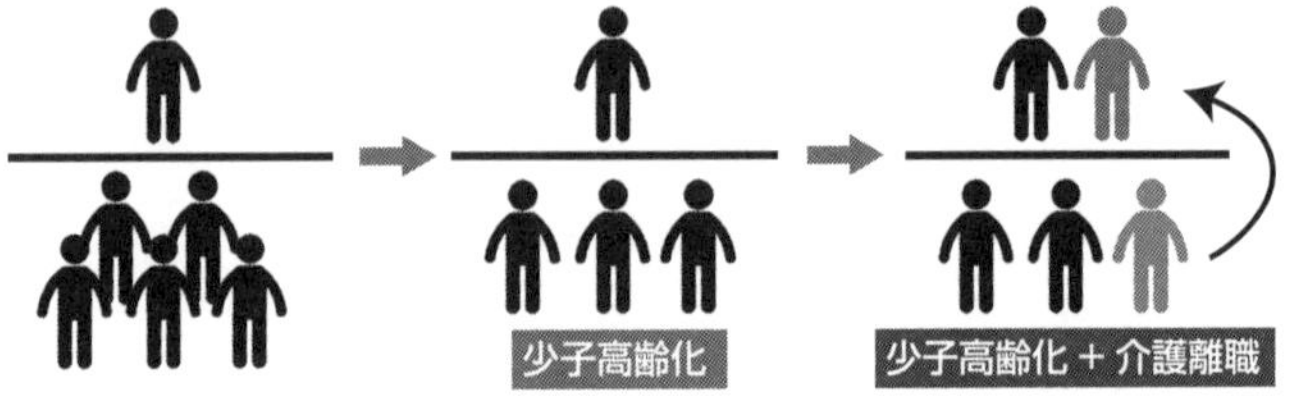

図表0−7　介護離職は、「支える側の人」が「支えられる側」になる

動によって納税し、社会保障制度を支える人と、要介護や病気になって社会保障制度によって支えられる人のバランスが崩れることです。働き盛りの世代の介護離職が増えると、労働生産性は更に低下し、中核となる人材がいなくなれば、会社の維持や収益に直結することになります。小さな会社であれば、経営が傾き、事業縮小、倒産ということになり、その被害は働いている他の労働者・家族にまで及びます。

「親の介護のために、仕事を辞めて故郷に帰ってきた」というと、「優しい息子さん・娘さんで、お母さんは幸せね」と美談になりますが、社会的にみると、支える人が一人減るという単純な話ではなく、本来、分母にいて社会を支えるはずの人が、分子の支えられる人に移行するという最悪の選択なのです。

だから、介護問題、介護離職は、社会の問題なのです。介護サービスが上手く使えないと、介護離職が増え、それによって経済が停滞、税収や社会保険料収入が減少し、また介護サービスの低下につながり、介護離職が増える……という負のスパイラルに陥ることになるのです。

ここまで、介護離職が及ぼす「個人・経済・社会のリスク」について述べてきました。「介護はプロにお任せして、仕事をしましょう」と言いたいのではありません。できるかぎり、家族は積極的に介護に関わるべきです。

それは、「育ててもらったのだから」「親の老後の世話は子供がすべき」といった倫理観からではありません。一部のマスコミは悲惨なケースだけをピックアップし「介護崩壊」「介護地獄」という煽り方をしますが、実際に介護をすると「そういえば母はチーズケーキが好きだったな」「子供の頃、父と二人でお好み焼きをよく作ったな」「熱を出したとき、抱えて病院まで走ってくれたな」など、子供の頃の自分と両親との記憶がたくさん蘇ってきます。「大変だったけど、親子のやり直しができた」と振り返る人も少なくありません。

大切なことは、介護離職しないで家族の役割を果たすこと。

そして、ベストを尽くして無理をしないことです。

その方法、ポイント、心構えを知っていれば「親の突然の介護」を恐れることはありません。

第1章

突然の介護に慌てない——介護休業制度の活用

子供が親の介護を行うためには、四つの余裕――「気持ちの余裕」「時間の余裕」「体力の余裕」「金銭の余裕」が必要です。視点を変えれば、それだけ様々な要素、たくさんの負担がかかってくるということです。

最近の介護セミナーは、四〇代、五〇代の子供世代の姿が目立ちます。その中で、必ず質問の手が挙がるのは、「突然の介護に慌てないために、どのような準備をしておけばよいか」です。

ただ、これは一般論として答えるのが難しい質問です。「要介護状態になる」といっても、身体機能が低下する人、認知症になる人、突然要介護になるケース、少しずつ身体機能が低下していくケースなど、それぞれバラバラです。また、親の年齢、子供の年齢、資産や所得、同居か別居か、近くに住んでいるか、遠くに住んでいるか、協力しあえる兄弟や親族はいるか……など事情や環境によっても変わってくるからです。

残念ながら、介護は「事前に万全の準備をする」ということはできません。ただ、挙げた「四つの余裕」の中に、最も重要ですべての人に共通するものがあります。

それは、「気持ちの余裕」です。突然、親の介護が必要になった時、気持ちの余裕を作れるか否かが、その後に続く長い介護生活の分かれ道になると言っても過言ではありません。

それをつくるために活用すべきものが「介護休業制度」です。

1　介護休業制度は家族が介護するための休業ではない

介護休暇・介護休業の取得が進まない理由

介護休暇・介護休業は、一九九一年に作られた「育児・介護休業法」に基づく制度です。しかし、育児休業と介護休業とでは、その取得率がまったく違います。

「雇用均等基本調査（令和元年）」によると、在職中に出産した女性がいた事業所に占める、女性の育児休業の取得者がいた事業所の割合が八四・三％であるのに対し、介護休業の取得者がいた事業所の割合は、わずか二・二％しかありません。

なぜ介護休業の取得率が上がらないのか、そこには三つの理由があると考えられています。

一つは、事前準備ができないということです。

出産は、半年以上前から「予定日」が分かっており、出産前に地域の育児支援、保育園の空き状況を調べることができます。また事業所・労働者共に、計画的に業務の引継ぎ、仕事のシェアを行うことができます。しかし、親の介護は突然発生します。事前にどのような要介護状態になるかわかりませんから、予定や準備はできませんし、余裕をもって引継ぎやワークシェアもできません。

二つ目は、介護期間が想定できないということです。

育児休業は、「来年の四月から保育園に」「一歳からは職場復帰」など、事前に会社や家族と相談して休職期間を決めることができます。事業者は「その期間は部内で仕事のシェアをしよう」「他の部署からの応援で対応しよう」と計画をたてることができます。しかし、述べたように、介護は期間が想定できません。「特養ホームの申し込みをしたい」といっても、現状を考えるといつ入所できるかわかりません。

三つ目は、休業者の年齢・業務内容です。

親の介護を想定すると、介護休業を取得するのは四〇代後半~六〇代前半が中心です。サラリーマンの場合、中間管理職以上である人も多く、一定期間だけ誰かに代わりをさせたり、複数人で業務をシェアすることが簡単ではありません。

この三つの理由は、あるセミナーで人事担当者を中心に討論した時に出てきた内容です。事業者だけでなく労働者側から見ても、「介護のための休みなんて、一般の企業でとれるはずがない」「取得できるのは公務員くらいだろう」という話になるのは、当然だといえます。

介護休暇・介護休業の制度・目的を理解する

「育児・介護休業法」に基づいて、サラリーマンが親等の介護のために休みをとることので

	介護休暇	介護休業
対象となる家族	配偶者（事実婚含）、父母、配偶者の父母、子供、孫、祖父母	
対象労働者	◇要介護状態にある対象家族を介護する労働者 ◇雇用期間が６ヶ月以上の従業員（パート・アルバイト・派遣・契約社員含）	◇要介護状態にある対象家族を介護する労働者 ◇引き続き１年以上雇用されていること ◇介護休業取得予定日から 93 日～６ヶ月の間に雇用契約が満了しないこと
取得できる日数	◇１年度で５日間 ◇対象家族が２人以上の場合は10日	◇対象家族１人につき 93 日間 ◇３回まで分割して取得が可能
休み中の給与	◇給与の有無は会社による（無給でもOK）	◇給料の有無は会社による ◇無給の場合、介護休業給付金あり

図表１－１　「介護休暇」と「介護休業」の制度の違い

きる制度は、「介護休暇」「介護休業」に分かれています。

表にすればわかるように、介護休暇と介護休業の大きな違いは「取得日数・取得方法」です。

介護休暇は、一年間に五日間です。

「要介護状態の母の具合が悪くなり、病院につれていくので一日休む」

「ショートステイのお迎えがあるので午後から休む」

「親の介護に実家に帰るので飛石連休の平日を休む」

といったように、家族が実際に、介護・介助を行うことを想定したものです。この介護休暇は、令和三年からは一日・半日単位だけでなく、時間単位での取得も可能となります。有給休暇のように、直属の上司に口頭で伝え、休みをとることができます。ただし、その介護休暇を有給とするか無給とするかは、それぞれの会社で決めて良いことになっています。

これに対して介護休業は、介護のために長期間、継続して休むというタイプの制度です。対象家族一人に対して九三日間休むことができます。一回で九三日連続して休むということもできますし、三回まで分割して取得することも可能です。

長期休暇になりますから、事前に上司や労務（人事）と相談して、原則二週間前までに、休業開始予定日や終了予定日などを申請しなければなりません。有給・無給は会社が決めますが、無給の場合、雇用保険から、給与の三分の二程度の「介護休業給付金」が支給されます。

「えっ？　育児休業は一年あるのに、介護休業はたった三ヶ月なの？」

「平均介護期間は四年七ヶ月、一〇年、一五年になるケースもあると言ったじゃないか」

「三ヶ月程度休んだところで、あまり意味がないよね」

そう思っている人が多いから、介護休業の取得は進まないのです。

ただ、ここには根本的な誤解があります。それは、育児休業は親が直接、育児をするための休業制度ですが、介護休業は、子供が親を介護するための休業制度ではないのです。

介護休業は、「気持ちの余裕」を確保するための休業

子供が親の介護を行うためには、「気持ちの余裕」「時間の余裕」「体力の余裕」「金銭の余裕」という、四つの余裕が必要になると述べました。

しかし、これらすべて揃っている人は、ほとんどいません。

「時間の余裕」は、サラリーマンにはありません。同居、近居していたとしても、昼間は外で仕事をして、夜は家で、オムツを替えたり、お風呂に入れたり、食事の準備をして介護を続けるということは、現実的にも、体力的にも不可能です。

「体力の余裕」というのは、お風呂に入れたり、オムツを替えたりということだけではありません。毎週末、朝早く起きて、車や電車で何時間もかけて介護のために帰省するとなると疲労・ストレスが溜まっていきます。二～三ヶ月であれば可能でしょうが、何年も続けられるものではありません。

「金銭の余裕」については、一人ひとり違います。金銭的な余裕がたくさんある人は、利用できるサービスが増え、時間や体力の不足をある程度はカバーすることが可能です。ただ介護期間は五年になるか、一〇年になるかわかりませんから、「糸目をつけずに何でもできる」という人は一部に限られるでしょう。また「入居一時金数千万円の高級老人ホームに入居したが、途中で倒産し大混乱」のように、お金があっても安心・快適とは限りません。

核家族化、遠距離化が進んだ現代の一般サラリーマン家庭には、親を介護する余力はほとんどないのです。そのため、突然親の介護が必要になると、これらの問題が一気に押し寄せ、「どうしたらいいのか……」と、ほとんどの人が頭を抱えパニックになるのです。この焦り、不安、混乱が、介護を失敗させる最大の原因です。

多くのサラリーマンは、「会社に迷惑がかかるから」と、週末の休みだけ、短期の有給休暇だけで対応しようとします。そうすると、利用できる制度やサービスについてゆっくり考える時間もなく、地域包括支援センターへの相談、病院からの退院と、言われるままにバタバタと過ぎていきます。そのため、新しい介護生活が始まっても、「あれが足りない」「これもできていない」「また転倒した」と次々に問題が発生。毎週末帰省しなければならず、携帯にも頻繁に電話がかかり、仕事にも支障をきたすことになります。

また、自宅で一人生活するのは難しい、同居も難しい、仕事も休めないとなると、「重度要介護、認知症対応、安心・快適」「地域最安値、すぐに入居できます」という高齢者住宅の広告に目を引かれます。無理やり説得して入居させたものの、当初の生活イメージと違い、追加費用もたくさんかかります。「こんなところは嫌だ」「家に帰りたい」と泣かれ、「親に申し訳ないことをした」「もう少し、きちんと考えればよかった」と、親が亡くなった後もずっと後悔し続けることになります。

土台づくり　介護休業…生活環境・介護環境を整えるための休み
└── 93日間認められる休み（3回まで分割して取得可能）

↓

臨時対応　介護休暇…通院・入院など突発介護にポイント対応
└── 1年間に5日間（対象が2人以上の場合は10日間）

図表1-2　「介護休暇」と「介護休業」の役割の違い

将来の見通しのないままの介護離職も、その一つです。「こんなはずではなかった」「親の介護で人生が狂った」と後悔するのは、親にとっても子供にとっても最大の不幸です。

述べたように、親の介護は事前に十全の準備はできません。突然、親に介護が必要になれば、誰でもショックを受け、慌てます。

その時に最も重要なことは、気持ちの余裕をもって親の介護・生活環境を考え、整えることのできる時間を確保することなのです。

介護は一ヶ月、二ヶ月という短期決戦ではなく、五年、一〇年と続く、腰をしっかりと据えて取り組むべき長期的な課題です。「一〇〇%の希望を満たす」ことはできなくても、それぞれの事情・ニーズに合わせて、限られた環境の中で、ベストな方法を見つけ出すことはできます。また、それは家族にしかできないのです。

それが、介護休業制度の目的なのです。

介護休業は、「介護が必要になってから検討」では遅い

「そうは言っても、一ヶ月、二ヶ月連続して休むのは無理だよ」

という人もいるでしょう。

「制度があるんだから、一般サラリーマンは取得できるはず」「労働者の権利ですから、どんどん行使しましょう」などと言う気はありません。四〇代、五〇代であれば、上から与えられたルーティンワークを淡々とこなすという立場ではなく、課内・部内のとりまとめ役として一定の成果、責任を求められる立場の人も多いでしょう。

ただ、頭から「無理、無理」という人に問いかけたいのは、「親が亡くなった時も、忌引き休暇は取れないのですか?」ということです。

多くの企業で親が亡くなった場合、一週間程度の忌引き休暇が認められています。「一週間と一ヶ月、二ヶ月は違う」というかもしれませんが、親が亡くなった場合、引継ぎも準備期間もなく、いきなり翌日から休むことになります。これに対して介護休業は、「親が骨折・脳梗塞で入院した」といっても、介護休業が必要になるのは、病院からの退院後ですから、少なくとも二週間〜一ヶ月程度の余裕はあります。

その事前調整を行っても、一ヶ月、二ヶ月仕事を休めないのか、介護休業を取ることが現実的ではないのかを、それぞれの立場で、一度冷静に考えてほしいのです。それは労働者個人だけでなく、会社・企業も同じです。事前に調整・引継ぎしても、「その人がいないと組織・会社がまわらない」というのはマネジメントのミスです。

もう一つの壁は、「介護休業を取っている人が会社にいないから」です。その心理的な壁は、社会的な意識変革が必要な問題ですが、同時に誰かが率先して崩していかなければならない壁でもあります。

ただこれは、「親が要介護になった」というときにすぐに対応することはできません。「親の介護がそろそろ心配だな」という年代になった人は、人事部に「うちの会社の介護休暇、介護休業の規定って、どうなっている?」と聞くことからスタートしましょう。できれば「今から二週間後に、介護休業を一ヶ月取るためにはどんな仕事の調整が必要か」「休暇中の連絡・報告・相談はどうするか」「どんな問題が起こるか、何が課題か」などについて、上司や同年代の同僚とも話し合ってみてほしいのです。

すべてのサラリーマン・労働者が介護休業を取得・活用はできないかもしれません。ただ、工夫をすれば取得できる人、仕事を辞める必要のない人は、たくさんいるはずです。

「突然の介護＝介護休業で気持ちの余裕を確保」

「気持ちの余裕＝最適の介護プランニング」

それが、あなたにとっても、親にとっても、家族にとっても、会社にとっても、そして社会にとっても、間違いなくベストな選択なのです。

2 「介護の生活環境整備」は二つの選択肢に分かれる

介護休業の申請は、「取得の二週間前」が基本

介護休業を取得するには、対象家族（配偶者・父母など）が「常時介護を必要とする状態」にあることが前提です。この「常時介護を必要とする状態」とは、以下のものです。

①要介護認定を受けている場合は「要介護2」以上であること
②評価表①～⑫のうち、2が二つ以上、3が一つ以上該当すること
③その状態が継続すると認められること

また、介護休業を取得するには、以下の事項について介護休業開始予定日の二週間前までに事業者への申請が必要となります。

①申請（申し出）の年月日
②労働者の氏名

	1	2	3
①座位保持（10分間ひとりで座っていることができる）	自分で可	支えてもらえればできる	できない
②歩行（立ち止まらず、座り込まずに５ｍ程度歩くことができる）	つかまらないでできる	何かにつかまればできる	できない
③移乗（ベッドと車いす、車いすと便座などの乗り移りの動作）	自分で可	一部介助見守り等が必要	全面的介助が必要
④水分・食事摂取	自分で可	一部介助見守り等が必要	全面的介助が必要
⑤排泄	自分で可	一部介助見守り等が必要	全面的介助が必要
⑥衣類の着脱	自分で可	一部介助見守り等が必要	全面的介助が必要
⑦意志の伝達	できる	ときどきできない	できない
⑧外出すると戻れない	ない	ときどきある	ほとんど毎日ある
⑨物を壊したり衣類を破くことがある	ない	ときどきある	ほとんど毎日ある
⑩周囲の者が何らかの対応を取らなければならないほどの物忘れがある	ない	ときどきある	ほとんど毎日ある
⑪薬の内服	自分で可	一部介助見守り等が必要	全面的介助が必要
⑫日常の意思決定	できる	本人に関する重要な意思決定はできない	ほとんどできない

出典：厚生労働省「育児・介護休業制度ガイドブック」

図表1－3　介護休業「常時介護を必要とする状態」評価表

③対象家族の氏名、及び労働者との続柄（対象か否かの判断）
④対象家族の要介護状態について（対象となる状態か否かの判断）
⑤介護休業開始予定日、及び介護休業終了予定日
⑥対象家族についてこれまでの介護休業日数（以前に分割取得している場合）

この申請を受けた事業主は、一週間以内に、介護休業開始予定日・終了予定日を、申請を行った労働者に通知しなければなりません。介護休業の申し出を拒む場合、また予定日の変更を依頼する場合は、その旨、及びその理由を合わせて伝える必要があります。

ただ、事業主は、介護休業の申し出を原則として拒否することはできません。介護休業の申し出をしたこと、また取得したことを理由とする解雇、降格その他不利益な取り扱いをしてはならないと、法律で明記されています。

この二週間の間に、介護休業期間中の業務の引継ぎや調整などを行います。

「介護の生活環境を整える」は二つの選択肢に分かれる

介護休業は、家族や子供が親の介護をするための休業期間ではありません。もう少し強い言い方をすれば、子供が直接介護してはいけないのです。それがわからないと、自分で積極的に

入浴介助したり、食事をつくったりと頑張って介護を行ってしまいます。親は喜ぶでしょう。ただそれが一ヶ月、二ヶ月続くと、「自分が介護しないと親の生活が維持できない」「結局、仕事を辞めるしかない」となり、介護離職推進のための介護休業になってしまいます。

介護休業の目的は、「介護と仕事の両立」と言われていますが、それも少し違います。

介護休業の目的は、「親の介護環境・生活環境を集中して整えることで、家族や子供はできる限り従前と同じ生活を行えるようにすること」です。

この「介護環境・生活環境を整える」は、大きく「自宅で生活し続けるのか」「高齢者住宅・老人ホームに入居するのか」の二つの選択肢に分かれます。

①「自宅で生活できるか」「高齢者住宅・老人ホームが良いか」

以前は、介護が必要になれば、住み慣れた自宅で介護を受けたいという高齢者が多かったのですが、最近では、老人ホームや高齢者住宅に入ると考える人の割合が増えています。ただ、これは実際には、どのような要介護状態なのか、配偶者がいる・いない、子供と同居・別居などの生活環境、金銭的な余裕の有無によっても変わります。

プロの目から見て、一人暮らしの高齢者が「自宅で生活し続ける方が良いか、高齢者住宅・老人ホームで生活する方が良いのか」と相談された場合、その判断基準の一つとしてお話しするのが「訪問介護等の定期的な介助で生活が維持できるか否か」です。それは「要介護3以上」という画一的な基準ではなく、認知症による要介護なのか、身体機能低下による要介護なのかによっても変わってきます。

認知症の場合、中核症状として、場所や時間などがわからなくなる失見当識、食事をしたことを忘れるといった記憶障害が発生します。火の不始末による火災のリスクも高くなりますし、個人差はあるものの、不安から被害妄想や暴力・暴言、徘徊といったＢＰＳＤ（周辺症状）もでてきます。「認知症になると自宅での生活の継続は無理」というわけではありませんが、中程度以上の認知症になると独居生活は難しいのが現実です。

これに対して、身体機能低下の高齢者の場合、要介護状態が重くなっても、「調理ができなければ調理介助や配食サービス」「一人で入浴ができなくなれば訪問介護・通所介護」と、在宅介護サービスの利用を組み合わせながら生活することができます。

ただ、身体機能低下の要介護であっても、判断の基準になるのが「排泄」です。排泄は食事や入浴と違い、事前に排泄リズムを完全に把握することができません。お腹の調子が悪く何度も便が出るという日もあるでしょう。「排泄介助の訪問介護」で、朝八時、一二時、一六時と時間を決めていても、自分でトイレにいくことができなくなれば、下着が汚れた不衛生で気持ちの悪い状態のまま何時間もいなければならないということになります。

②いつ判断するのか、どこで判断するのか

二つ目のポイントは、いつの段階で、どのように判断するのかです。

脳梗塞などで重度の麻痺が残って寝たきりになったり、認知症が進み自宅で生活するのは難しいと判断した場合、介護機能の整った老人ホームや高齢者住宅を探すことになります。

難しいのが、「本人は大丈夫だと言っているが、家族から見れば不安」という判断がつかないケースです。特に認知症の場合、本人が自分の症状を理解できないため、その傾向がより強くなります。それを見極め、考え、覚悟するというのも介護休業中の大切な目的の一つです。

この場合、まずは自宅で介護サービスを利用しながら生活することをお勧めします。ここで大切なことは、介護休業を取った家族・子供は、できるだけ介護には手を出さずに生活を見守るということです。親は子供がいてくれると、「あれしてほしい、これしてほしい」と依存度が高くなります。ただ述べたように、介護休業中に家族が介護をすると「誰か家族が同居しないと生活が維持できない」という本末転倒の事態に陥ります。「私はあと一ヶ月しか休めないのよ」と優しく伝え、「一人になればどんなことが困るのか」「家族・子供は何を心配しているのか」を伝え、一緒に考えましょう。

もう一つ重要なことは、家族が「一人暮らしは難しい」「リスクが高い」と判断しても、「老人ホームに入った方が安心」と強引に勧めてはいけないということです。

感情的な喧嘩になったり、本人が納得しないまま強引に高齢者住宅に入居させると、認知症が進んだり、他の入居者とトラブルを起こして退居を求められることもあります。

「私の家の近くだと、毎日会いに行けるけど」「私たちのそばに来てくれると安心なんだけどね」と思いを丁寧に伝えるとともに、「将来のこともあるし、探すだけ探してみれば？　見学して嫌だったらやめれば良いよ」と、最終的には親が判断すればよいというスタンスで進めましょう。

③「独居より老人ホームの方が安心・快適」という落とし穴

「一人暮らしの親の介護環境・生活環境の整備」において、家族が犯してしまう最大の失敗は、「高齢者住宅・老人ホームに入った方が安心」「老人ホームに入れば介護問題が解決する」と安易に考えてしまうことです。「介護スタッフが二四時間三六五日常駐しているし、見守りや生活相談サービスもあるから、自宅で一人暮らしをするよりも安心じゃないか」と思うでしょうが、これは全くの間違いです。

その理由の一つは、老人ホーム・高齢者住宅といっても、「自立～軽度要介護向け住宅」と「中度～重度要介護向け住宅」は基本的に商品・サービスが違うからです。要支援・軽度要介護の時に入居し、重度要介護になっても生活し続けられる老人ホーム・高齢者住宅はありません。そのため、自立～軽度要介護の時に、その生活環境に合わせた高齢者住宅に入居すると、中度～重度要介護状態になった時に、もう一度住み替えが必要になります。

もう一つは、民間の高齢者住宅は玉石混淆で素人事業者が非常に多いということです。民間の高齢者住宅は、その大半が「介護が必要になっても安心・快適」と標榜していますが、重度要介護や認知症になったとき適切な介護が受けられるのは、全体の三割程度です。高齢者住宅の選び方については後述しますが、「高齢者住宅に入った方が安心・快適」「元気な時に入居した方が慣れた環境で介護を受けられる」「認知症も医療対応も何でもＯＫ」「今なら、すぐに入居できます」「お任せください」などと言っているところは、素人事業者です。

漠然と「老人ホームに入ってくれた方が安心」と押し付けると、必ず失敗するのです。

タイプ別「親の要介護」と介護休業取得のイメージ

介護休業は最大で九三日間、つまり最長約三ヶ月連続して休むことが可能です。一度に九三日連続して利用することもできますし、一・五ヶ月×二回、一ヶ月＋二ヶ月、一ヶ月×三回と分割して取得することもできます。

基本的に、介護休業は二回に分割しての取得が効率的・効果的です。それは、「軽度要介護の介護環境・生活環境」と「重度要介護になった時の介護環境・生活環境」は変わるからです。

一人暮らしの親が「突然、要介護」となる三つのケースを想定し、介護休業の分割方法や介護休業中にすべき事をイメージしてみましょう。

①脳梗塞や怪我などで入院

一つは、脳梗塞・心筋梗塞、転倒・骨折など、突然の病気や怪我によるケースです。この場合、本人は基本的には二週間～一ヶ月程度、入院となります。そこからリハビリ病院や老健施設に入ると一ヶ月半～三ヶ月程度の時間の余裕があります。会社に介護休業の申請を行い、業務を調整するだけの期間は十分に確保できます。

病院の医師やMSW（医療ソーシャルワーカー）と連携し、治療の進捗状況やリハビリ、退院後の状況などの情報共有をしながら、退院に向けての準備を行います。入院中は介護保険の利用はできませんが、要介護認定は受けられますから、状態が落ち着けば申請を行います。

ただ、「自宅で生活するのか」「老人ホーム・高齢者住宅を探すのか」によって、介護休業取得の方法は変わってきます。リハビリによってADL（日常的な生活行動）が改善し、介護サービスや介護ベッドを利用しながら引き続き自宅での生活が可能だと判断できる場合は、退院予定日に合わせて、介護休業の開始予定日を調整します。

介護休業の取得期間は、約一ヶ月程度でしょうか。地域包括支援センターの相談員やケアマ

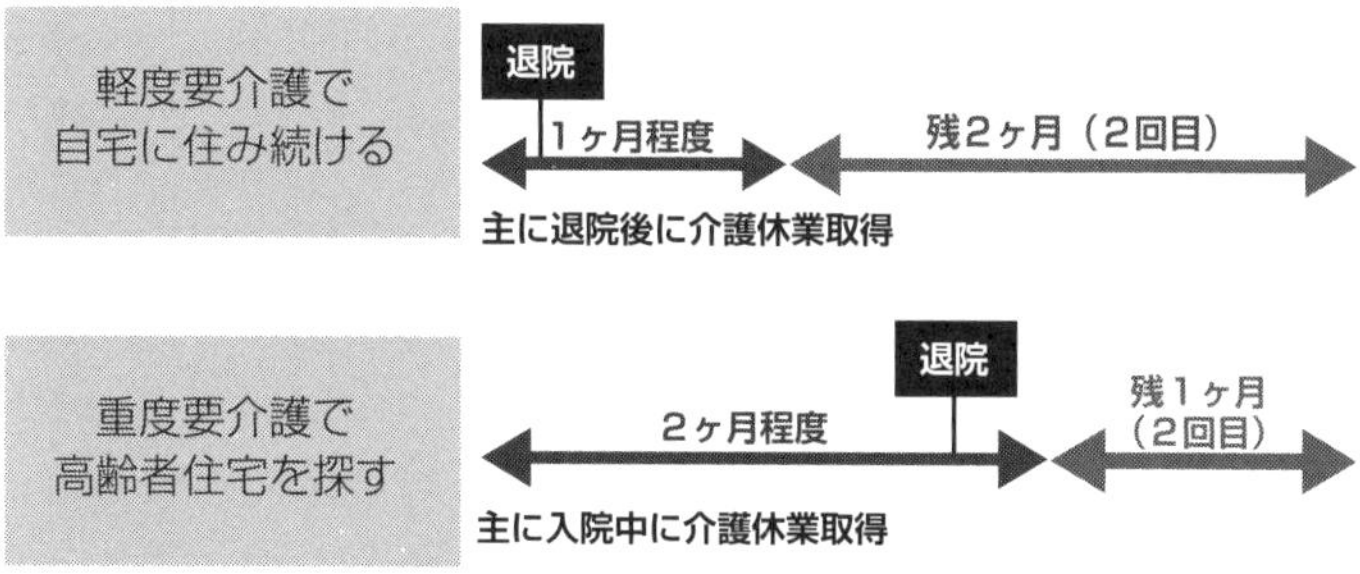

図表1－4　介護休業の分割取得イメージ（病気・骨折で入院）

ネジャーのサポートを受けながら、介護サービスの導入検討や、住宅改修などの生活環境の整備を行います。この間は、一緒に暮らして見落としている問題はないか、転倒など生活上のリスクがないかをチェックします。

中度〜重度要介護状態になった時に、介護体制見直しや高齢者住宅への入居検討に時間がとれるよう、介護休業期間を二ヶ月程度残しておくのが良いでしょう。

一方、リハビリをしても、重度の麻痺が残り、移動、移乗、排泄など、二四時間すべての生活行動に介助が必要で、自宅で独居生活を維持することが困難だと判断する場合は、入院中から介護休業を取り、入院中の世話をしながら老人ホームや高齢者住宅を探し始めます。退院後にスムーズに住み替えができるようにするためです。

要介護3以上で特養ホームの対象になっても、地域によって入所できるまでには数か月〜一年以上かかるところもあります。高齢者住宅・老人ホームは玉石混淆ですし、同じ介護付有料老人ホームといっても、サービス内容も価格も質もバラバラです。特に、初めて高齢者住宅を選ぶには、情報収集や見学などに一ヶ月程度はかかります。また、きちんとした高齢者住宅事業者は、要介護状態の聞き取りや、入居後のケアプランの作成を丁寧に行いますから、申し込みから実際の入居まで、三週間～一ヶ月程度は必要です。合わせて一ヶ月半～二ヶ月程度はかかると考えた方が良いでしょう。

ここでも、すべての介護休業期間（九三日）を使い切ってしまわず、「老人ホームでの生活が予想していたのと違う」「高齢者住宅が倒産した」などの不測の場合に対応できるよう一ヶ月程度は残すのが良いでしょう。

②加齢による身体機能の低下

二つ目は、加齢によって徐々に身体機能が低下し、要介護になるケースです。

自転車に乗れなくなり、重いものが持てなくなると買い物が難しくなります。視力や骨密度、バランス感覚も低下し、足元がふらつき、足先があがらないため、畳の縁《へり》のような小さな段差でもつまずきます。

八〇歳を超えると、「食欲がない」「何度も転倒する」「洗濯・掃除ができない」「薬の飲み忘れが多い」など、できないことや生活上のリスクが少しずつ増えてきます。「一人で生活する

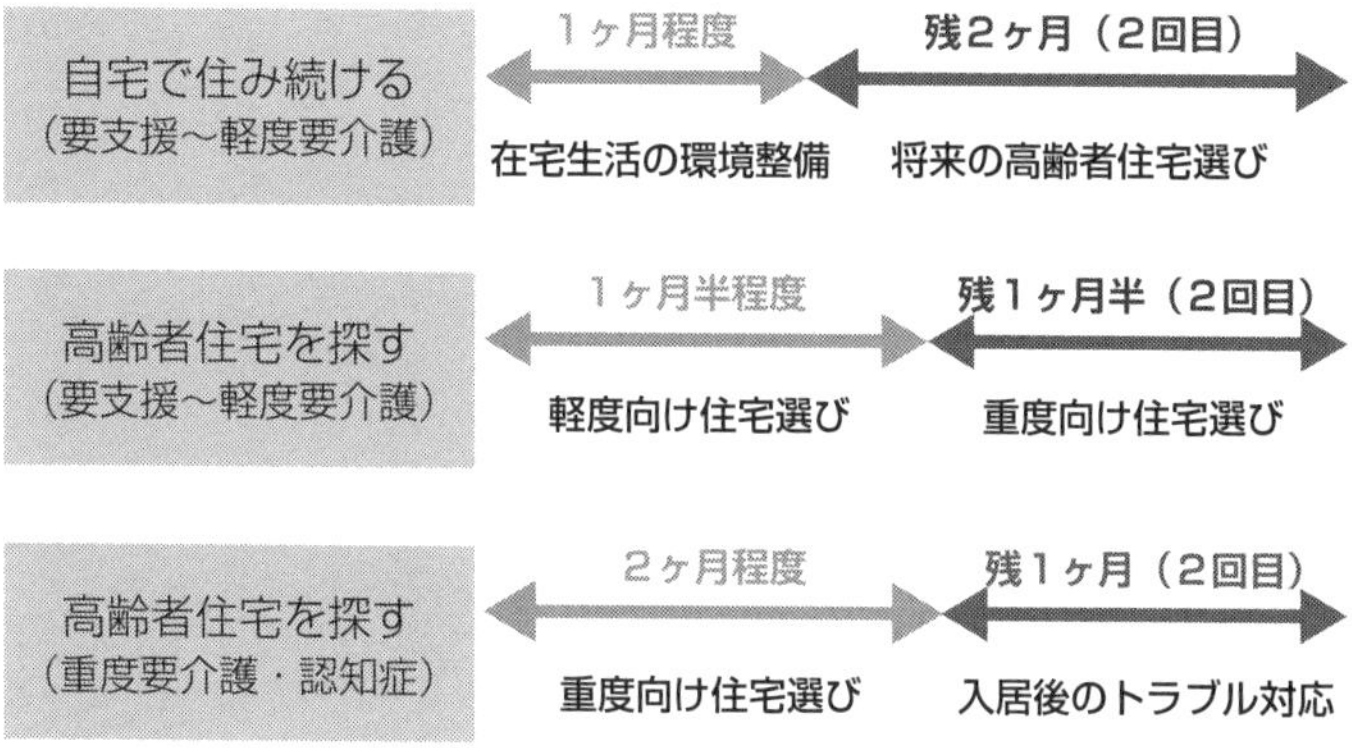

図表1－5　介護休業の分割取得イメージ（身体機能低下・認知症）

ことが難しくなってきたな」「最近、ちょっと変だな」と感じたときは、地域包括支援センターに相談し、要介護認定を受けましょう。介護サービスを受けずに、何とか一人で生活していても、要介護の認定を受けると、要支援～要介護2程度と判定される人は少なくありません。

この場合、頻繁に電話するなど、生活に変化がないか注意をするとともに、業務の調整を行いながら、早期に介護休業の申請を行います。

自宅で生活しつづけることを前提にする場合、地域包括支援センターやケアマネジャーに相談しながら、介護サービス導入や住宅改修などの安全な生活環境整備を行います。介護休業期間は二週間～一ヶ月程度、一緒に暮らしながら、安全に生活し続けられるかをチェックします。

また、本人の希望を聞き、「一人で暮らすのは不安だ」という場合、介護サービス導入など生活環境を整えながら、要支援～軽度要介護高齢者を対象としたケアハウスやサービス付き高齢者向け住宅を、介護休業期間を使って一緒に探します。一ヶ月半程度は必要になるでしょう。

ただ、自宅で生活するにしても、要支援～軽度要介護高齢者向けの住宅に入居しても、重度要介護高齢者状態になれば、生活環境の見直しや、介護機能の整った重度要介護向け住宅への転居が必要になります。その時にもう一度、介護休業が必要になると想定し、一ヶ月半程度は残しておくのが良いでしょう。

③突然の認知症の発覚

もう一つが、認知症によって、実質的に生活が破綻していたことが突然発覚するケースです。認知症は離れて暮らしていると発見が遅れます。電話をして「大丈夫か？　変わりないか？」と聞いても、「大丈夫、変わりない」と答えるからです。そのため、近所の人や同じ地域に暮らす叔父叔母からの電話で、「大変なことになっている」と聞いて駆けつけると、部屋はゴミだらけで髪もボサボサ、生活が破綻しており、驚いて絶句するということになります。親の介護で一番対応が難しいのが、このケースです。

この場合、地域包括支援センターへ相談し、要介護認定調査の申し込みをするとともに、精神科・心療内科などで認知症の診察を受けます。併せて、会社に事情を説明し、二ヶ月程度の介護休業を申請します。できれば原則の二週間ではなく、懸命に引継ぎをして、一週間～一〇日程度に縮められないか、上司や人事に相談しましょう。そして、とりあえずそれまでの間をどう乗り切るかを考えます。

認知症が軽度の場合、近所の人や親族に毎日様子を見に行ってもらうことで、対応できるかもしれませんし、逆に、認知症が進んでおり、独居生活は困難だと判断せざるを得ないケースもあります。要介護認定が出ていなくても、要介護状態が重いことが明らかな場合、一時的にショートステイや老健施設のミドルステイを利用することができます。地域包括支援センターの相談員に、「介護休業の申請をしているので、とりあえず、それまで何とか知恵を貸してほしい」と言えば、相談員は各所に連絡して一緒に考えてくれるはずです。

この場合も、介護休業取得中の考え方は同じです。二ヶ月程度、少し長めに介護休業を取って、一緒に生活をしながら、自宅で生活が維持できる方法を探るか、それが難しい場合は、グループホームや特養ホーム、高齢者住宅を探すことになります。グループホームは認知症高齢者を対象にしたものです。また最近は特養ホームでも、自宅で生活が困難な独居、認知症高齢者を優先して入所させるようになっています。ケアマネジャーに相談をして、積極的に入所の申し込みをしましょう。

身体機能の低下と比較して何が難しいのかと言えば、認知症の場合、「一人で生活を維持することができない」ということを本人が理解できないことです。

認知症には、アルツハイマー型や脳血管性、レビー小体型など様々な種類があります。それぞれに特徴がありますが、同じ病気であっても、一人ひとり進み方や症状は違います。ただ、記憶障害や判断力の低下、失見当識（時間や場所がわからなくなる）といった症状は共通しています。

また、ほとんどの場合、認知症であることを本人は認めません。そのため、「一人で生活することは難しい」と話をしても、それが理解できず、理解したように見えても、次の日には忘れてしまうのです。「何回説明すればわかるんだ！」「昨日言っただろう」と怒ってしまうのは最悪の対応です。認知症は病気です。骨折している人になぜ走れないのかと問うのと同じです。怒ってしまうと、認知症が進む、周辺症状が出るなど、より問題を難しくするだけです。

根気のいることですが、「一人で生活を続けることが不安」「私たちの家の近くに越して来てくれると安心」ということを、繰り返しやさしく丁寧に伝えることが必要です。

自宅で住み続けるには「軽度要介護」の対応が重要

ここまで、介護休業所得の方法や、ケース別に休業期間中に何を行うのか、その概要について述べてきました。介護休業は「介護の生活環境を整えるための期間」であること、また、一度に使い切るのではなく、二回に分けて分割取得することが望ましいことがわかると思います。

ここで、もう一つ伝えておきたいことは、「要支援～軽度要介護」の時に積極的に一回目の介護休業を取得することが大切だということです。

高齢期の一人暮らしは自由な半面、不安なものです。「一人で暮らすのが大変になってきた。でも、子供達には迷惑かけたくない」と思っている親は多いものです。特に、脳梗塞や骨折で入院すると、自宅に戻ることができても、精神的なショックは小さくありません。「また転倒するんじゃないか」「一人の時だったらどうしよう」と心配になります。

述べたように、介護休業は「家族や子供が親の介護をするための休業期間」ではありません。訪問介護のヘルパーや通所介護の介護スタッフは介護のプロですから、家族が介護するよりも、より専門的な介護サービスを提供してくれます。

ただ、直接的介護はプロに任せても、精神的、心理的なサポートは家族にしかできないのです。同居していなくても、子供や家族がいつも見守っていてくれる、困った時には助けてくれるという安心が、高齢期の生活の安定や、精神の安定に最も重要なのです。

また、この「軽度要介護時に、早期の介護休業取得」は、高齢者やその家族だけでなく、これからの社会にとっても必要不可欠な視点です。それは、「介護予防」です。

介護予防は、「要介護状態にならないための施策」です。重要な施策ですが、加齢による身体機能・認知機能の低下を完全に押しとどめることはできません。八五歳以上になると、多くの人が生活上、何らかの支援、介護が必要になります。これからの介護予防は、「要支援・要介護にならない、させない」だけでなく、「重度要介護高齢者にならない、させない」「要支援・軽度要介護で長く踏みとどまってもらう」ことです。

そのためには、家族の支援を得て、一人ひとりの要支援・軽度要介護高齢者の生活環境、介護環境をきちんと整えることが何より重要です。介護休業の取得促進は、「仕事を辞めずに社会を支えてもらう」ということだけでなく、医療・介護といった社会保障費削減のためにも、不可欠な取り組みなのです。

第2章

介護休業制度を上手く活用しよう——介護休業取得事例

この章では、三つの介護休業取得事例を紹介します。

現役世代の皆さんがどうやって介護休業を取得したのか、直面した課題は何だったのか、介護休業中に何をすればよいのか、参考にしてみてください。

1　母の骨折・入院から自宅復帰（本人五二歳、母親七八歳）

突然の介護問題の発生

私は五二歳。とある中堅の食品工場で、検品課の課長をしている。妻と高校生と中学生の子供の四人家族でマンション暮らし。実家は車で二時間ほどの距離にあり、父が亡くなった一〇年前から七八歳になる母が一人で生活している。

ある日、会社に妻から「お義母さんが骨折して入院した」と突然の電話。先に妻が病院に行ってくれたので、仕事が終わってから駆けつけ医師から説明を受ける。左大腿骨骨折で二～三週間程度の入院、年齢的に介護が必要になる可能性が高いとのこと。

会社の同僚の中でも「独身の弟が介護離職した」「親の介護で妻と揉めている」といった話題も多くなっており、「そろそろ、うちもか」と考えなくはなかったが、元気に手芸教室やボランティアに出かけていたこともあり、まだ先のことだろうと高をくっていた矢先のことだった。

「元気をなくし、「迷惑をかけてごめんよ」と涙ぐむ母。

上司の製造部長に相談し、事情を説明し一日有給をもらう。

翌日、遠方に住む姉がやってきて、これからのことについて相談するも義母の介護を抱えているため、戻ってくるのは難しいとのこと。妻も近くの会計事務所で経理の仕事をしており、私もサラリーマンのため介護に専念できる状況にはない。マンション住まいで、母のために一部屋空けると子供二人（娘と息子）を同室にせざるを得ない。近くにアパートを借りることや介護付有料老人ホーム、サービス付き高齢者向け住宅なども考えたが、母は年金額がそれほど多いわけではなく、また私も姉も、まだ子供にお金がかかる年齢であり、毎月、多額の援助は難しい。預貯金の額もそれほど多くなく、今から取り崩して生活すると、将来破綻することは目に見えている。

あれもダメ、これも難しい、これからどうなるのか……と考えると、不安ばかりが大きくなり、眠れないまま仕事に向かった。

上司・人事に相談

翌日、出社すると上司の製造部長に呼ばれ、事情を簡単に説明する。
私だけでなく「親の介護」に関する勤務調整や相談は増えているらしい。「とりあえず、人事に相談してみてはどうか」と言われる。その時は「親の介護問題を人事に相談しても……」「下手に相談すると……」と思ったが、部長がその場で人事部にアポイントを入れてくれ、翌日、東京の本社へ向かった。待っていてくれたのは、食品工場の人事担当者ではなく「人事課介護担当相談員」という肩書の出雲さんという女性だった。

出雲さんが事前に聞いていたのは「母親が転倒、骨折して入院。介護が必要になる可能性がある」という情報のみ。何を話せばよいのか、また会社にプライベートな問題をどこまで話してよいものか戸惑ったが、開口一番、「プライベートな情報については秘密厳守します。希望されない限り、人事にも反映されません」と言ってくれたことから、張っていた肩が少し楽になった。

出雲さんは社会福祉士とケアマネジャーの資格を持っており、病院や介護現場での相談経験も豊富らしい。母の現状や病院の先生からの話、家に引き取れないこと、妻も姉も介護できないこと、子供のことやお金のこと、今後どうなるのか不安に思っていること、どうすればよいかわからないことを、思いつくままに話した。介護に対する経験も知識もないため、頭の中が混乱したままの支離滅裂な話だったが、彼女が上手く聞き取ってくれたことで、現状の問題点を整理することができた。

◇一人暮らしの母が転倒・骨折して介護が必要になるかもしれない
◇妻も私も仕事があり、姉も遠方であるため介護できない
◇今、住んでいるマンションに、母を引き取ることは難しい
◇実家は築五〇年の一戸建てで要介護高齢者に向かない
◇母の預金一〇〇〇万円程度、年金月一三万円程度、長期的・定期的な金銭援助は難しい
◇今すぐに何をすべきなのか、これからどうすればよいかわからない

①リハビリをきちんと行うこと

アドバイスの一つは、早くからきちんとリハビリを行うということ。

以前は、高齢者が大腿骨骨折や脳梗塞になると、そのまま寝たきりになる人が多かったが、最近では、早期にリハビリを行い、生活環境さえ整えば、以前と変わらず自宅で生活できるようになる人も多いという。リハビリ専用の病院も増えており、今の病院から退院後、一ヶ月〜

二ヶ月程度入院して集中的にリハビリを行うことができる（そういえば、病院の先生からもリハビリの話がでたが、要介護になるというショックでよく聞いていなかった）。

ただ、母本人が一番ショックを受けており、認知症を発症するリスクもあるので、可能な限り面会に行き、「心配ないよ」「頑張ってリハビリしよう」と不安をやわらげ、励ますようにとアドバイスを受ける。

②介護保険の申請は状態が落ち着いてから

もう一つは、介護保険の申請や必要な手続きなどについて。

インターネットで調べたところ「地域包括支援センターへ相談」「要介護認定調査の申し込み」という情報があったので、どうすればよいのかを聞いた。今はまだ骨折の治療が優先で、要介護認定調査の申し込みは、その治療経過によって状態が安定してからになるとのこと。骨折の治り具合やリハビリでの回復状況によって変わるので、それから対応すればよいとのことだった。病院にいるＭＳＷ（医療ソーシャルワーカー）さんに、入院期間や介護保険の申請、リハビリの方法（転院）について、確認をするのが良いと言われた（そうアドバイスされた翌日に、ＭＳＷさんから連絡があった）。

母は自宅に戻って生活、介護休業の取得

母は最初の病院で手術を行い、二週間後にリハビリテーション病院に転院した。本人も「なんとか家に帰りたい」とリハビリを続けた結果、若干歩行が不安定で杖が必要となるものの、自力での歩行やトイレに行くことができるようになった。

リハビリ病院の入院中に要介護認定申請を行い「要介護2」。ケアマネジャーさんも決まり、入浴と筋力維持のリハビリを兼ねて週二回の通所リハビリの利用を提案された。買い物も心配したが、母は以前よりスーパーの宅配サービスを利用しているので、それ以外のものは私たちが帰省した時に買いに行くということになった。

また、我が家のトイレは古く狭いので、ルートへの手すり、入口の段差解消などを含め、住宅改修を行うことにした。この住宅改修については、母の一時外出に付き添って、ケアマネジャーさん、リハビリ病院の先生（作業療法士さん）も実家に来ていただき、大工さんも一緒になって必要な改修について検討してくれた（改修費用の一部は介護保険から戻ってくる）。

こうして着々と自宅に戻る準備が進む一方で、「本当に大丈夫だろうか……」という漠然とした不安は消えなかった。日々の料理や通所リハビリの準備、宅配サービスへの対応はできるのか、また自宅で転倒したりしないか、家に閉じこもりがちにならないか、等々。母も、私たちにできるだけ迷惑にならないように、「一人でも大丈夫」というものの、転倒、骨折したこ

とで自信を失っており、これまで通りの生活ができるかどうか不安を感じている様子だった。

その話を、退院後の在宅復帰の準備状況の報告に合わせて出雲さんに相談すると、「介護休業を検討してみては」と勧められた。

介護休暇・介護休業については最初に説明を受けたが、今回は、私が直接、排泄介助や入浴介助をする必要もなく、どちらかと言えば「介護休業を取らなくていいように」「会社にできるだけ迷惑かけないように」と土日を使って（有給も二日使った）対応してきた。そのため、「今さらですか？」という感じはあった。

ただ、出雲さんの話を整理すると、次のことが浮かび上がってきた。

◇家族も本人も、自宅での生活に向けて不安を感じるのは当然のこと
◇万全の準備をしたつもりでも、予想しない問題があれこれたくさん出てくる
◇身体機能低下の一方、「慣れた家だから」と過信するため、退院直後の事故は多い
◇家に戻ってすぐに再び骨折すると、次は自宅で生活できなくなるリスクが高い

電話を切った後に送られてきたメールには、「お仕事やお立場もあると思いますが、一度課内のみなさんや上司の方とご相談ください」というメッセージと共に、「介護休業申請書」「介

護休業取得の流れ」「介護休業に向けての業務調整予定表」という三つの書類が添付されていた。

再び製造部長に相談すると、驚いたようだったが「まぁ、勤続二五年では二週間のリフレッシュ休暇を取るんだし（社内制度）、連絡もつくんだから、大丈夫じゃないか」と課内での調整を進めるよう指示を受け、部としてもバックアップしてくれることになった。

介護休業の取得とその後

それほど繁忙期ではなかったことや、課内のスタッフの協力、予定されていた外部業者との打ち合わせも前倒しすることで、母の退院の五日前から一ヶ月（実際は三五日）の予定で介護休業を取ることになった。介護休業を退院の五日前から取ったのは、自宅の住宅改修に立ち会うためだ。

また、退院後の介護サービスについて、現在入院中のリハビリ病院のソーシャルワーカー、医師、作業療法士、在宅で母の介護をお願いするケアマネジャー、通所リハビリ（週二回）の介護スタッフ、訪問介護（週二回）のヘルパー、住宅改修の大工さん、介護ベッドの福祉用具の方など、お世話になる皆さんとのケアカンファレンスに出席することができた。

これだけたくさんの人が、母がどうすれば安全・快適に生活できるか、転倒を繰り返さないため何が必要か、何に注意してサービスを利用するか、また母にもどんな点に注意をして生活してもらうか等々について真剣に議論しているのを聞いて、家族が漠然と考えていた介護と、専門的・科学的に提供されるプロの介護とは、ここまで違うものかと驚いた。

これまでも、「介護の仕事は大変だ」「家族の代わりに介護をしてもらってありがたい」とは思っていたが、家族で介護をしていても、とてもここまでのことはできない。

また、実際に自宅にもどって生活を始めてみると、宅配サービスの置き場所や連絡、郵便ボックスの位置、灯油ヒーターの給油、電子レンジの買い替え（以前から調子が悪かったらしい）など、些細なことではあるが、これまで当たり前にできていたことが難しい……ということがたくさん見つかった。それをどうするのか一緒に考えたり、場所を移したり、買い物に行ったりすることができた。また、火災のリスクを考えて、ガスコンロからＩＨヒーターに、電話も特殊詐欺防止ができる録音付きのものに変えた。

母にとっては、私が一ヶ月の休みを取って家に帰ってきたことは、「安心」というだけでなく「嬉しい」という気持ちが大きいようで、精神的にも余裕ができ、元気になった。私の前では言わないけれど、友人・知人から退院祝いの電話がかかってきたとき、「息子が一ヶ月も休みを取って帰ってきてくれた」と何度も言っていた。昔の写真を出して来て、「葬儀の時の見栄えのいい写真を今から選んでおく」「生命保険とか大切な書類はあのタンスの一番下に入っている」と笑い、私が知らなかった生まれたときの話や小さいころの話も聞くことができた。

私も、休みを取らなければ「一人で大丈夫だろうか」「退院後の生活に適応できるか」と仕事中も考えることになっただろうし、途中でまた急に、何度も有給休暇を取る必要があったかもしれない。母が無理をして転倒したり、閉じこもりがちになったり、うつ病や認知症になっていたかもしれないとも思う。

仕事のことも気になったが、会社側からは連絡がなく、一度こちらから「変わりないか」と電話しただけだった。結局、一ヶ月の予定で取った介護休業だったが、母が「もう大丈夫だから早く仕事に戻れ」と言うので、実際は三週間程度に縮まった。

今は、私が実家でネットを見たり、仕事の連絡に対応できるようにとひいたWEB会議システムを使って、遠方の姉や孫たちとも話をしている。

今回の親の介護問題では、製造部長や課内のみんなだけでなく、人事部の出雲さんには大変お世話になった。母や姉からは、積極的に介護休業の取得や一人ひとりの社員のことを考えてくれている良い会社だと言われ、その通りだと思い、あらためて感謝している。

また、同年代での集まりでは、「介護休業どうだった？」と聞かれることが増え、現在介護をしているか否かにかかわらず、みんなそれなりに気になっているのだろうと思う。

母が一人暮らしに戻ったことで、またどこかで転倒したり、病気になって介護が必要になるかもしれないが、介護保険のことやいざという時にどうすればよいのか、どんな方法があるのかもよくわかった。社内で困っている人がいれば、積極的に自分の経験を伝えることができればと思っている。

2　脳梗塞、自宅復帰から老人ホームへ（本人四〇代、父親八五歳）

介護問題の発生

私は四〇代、京都の小さな出版社（タウン誌担当）で、編集の仕事をしています。一度結婚しましたが離婚し、子供はいません。母は一〇年前に亡くなっており、父は八五歳で実家のある大阪で一人暮らし、愛知と広島に二人の兄（七歳上、五歳上）がいます。

五月のある金曜日、仕事が終わり帰る準備をしていたところ、「父さんが倒れたらしい。すぐに病院に行ってほしい」との長兄からの電話。とるものもとりあえず駆けつけたところ、ちょうど手術が終わったところでした。庭の手入れ中に倒れたところを運よく近所の人に発見されたということ。診断は脳梗塞で、手術は成功したのですが、年齢のこともあり、リハビリを行っても左半身の麻痺が残り、車いす生活になるかもしれないとのことでした。

翌日、駆けつけた兄たちと三人でこれからのことを話し合いました。どちらも、「転勤族だし子供もいるので、引き取って介護をすることは難しい」というのが結論でした。そう言うであろうことはわかっていましたし、直接言葉にしないものの、「実家から職場に通うことは難しいか……」と、私が実家に戻って父の面倒を見てほしいと考えているようでした。

父には三〇〇〇万円ほどの預貯金があり、年金も月額二〇万円程度はあるので、私が仕事を辞めてもすぐに生活に困ることはありません。介護費用としてそれぞれ月五万円程度（合計一〇万円）であれば負担できることや、自宅や父の預貯金についても私が自由に使ってもよいと言いました。

ただ、私にも事情はあります。小さな出版社の一編集員ですが、タウン誌の編集という仕事が好きですし、社長や一緒に働くスタッフにも恵まれています。今の仕事を辞めてしまうと、同じような条件の仕事を見つけることはできません。実家から職場までは片道二時間程度の距離ですが、仕事の性格上、締め切りが近くなると夜遅くまでの残業も増えるため、通うことは不可能です。

また、私が離婚するときに感情の行き違いがあり、父との関係はあまり良くありませんでした。兄たちは子供もいることから、お正月や夏休み、春休みなど、年に数回は子供達を連れて泊りがけで遊びに来ていたようですが、私は二ヶ月に一度程度、様子を見がてら買い物や片付けに出向くくらいで、話が弾むこともなく、二時間程度ですぐに帰ってくるという関係でした。

それでも私が仕事を辞めるのが一番良いのだろう（それしかないだろう）ということはわかっていました。母が一〇年前にガンになったときに「お父さんのことお願いね」と手を握られたことも、頭の中から離れません。「社長や編集長には何と伝えればよいだろう、何と言われるだろう」「契約社員にしてもらう、パートにしてもらうことはできるだろうか」とあれこれ考えながら帰りの阪急電車に乗っていると、窓の外が歪んで見えました。

上司に相談

どのように話をすればよいか何度も独り言を繰り返し、ほとんど眠れなかったので、ポイントだけをメモにしておきました。

◇一人暮らしの父が脳梗塞で半身麻痺となり、日常生活に介護が必要になる
◇二人の兄がいるが、遠方に住んでいることや、子供もいることなどから介護は難しい
◇私も今の賃貸マンションで同居することは難しく、実家に帰って介護をする必要がある
◇入院期間はリハビリを含め二ヶ月程度を予定（リハビリ病院への転院を含む）

◇その後、父の介護のために仕事を辞め、実家に戻ることを考えている

月曜日に出勤してすぐ、上司である編集長と社長に話をしました。冷静に話をしたつもりでしたが、最後のところで自分でも、感情がこみあげてくるのがわかりました。急なことで驚かれたようでしたが、社長は自分の母親を自宅で介護された経験を話してくださり、

「介護は本人だけでなく、家族の生活・人生にも関わってくる大きな問題」

「突然のことで気持ちも混乱している中で、重大な選択をバタバタと決めると良くない」

「今はテレワークや介護サービスもあるので、一番良い方法をみんなで考えよう」

とおっしゃってくださいました。その優しい言葉にぽろぽろと涙がでました。また、編集長は、妹さんが地域包括支援センターで相談員の仕事をされているとのことで、「色々相談してみれば?」とわざわざ電話をしてくださいました。

翌日、編集長から紹介いただいた智子さんにお話を聞いていただくことができました。母はガンで入院しそのまま亡くなったので、介護保険のことは「トイレの介助」「入浴の介助」が必要になる、「デイサービス」「訪問介護」などのサービス、「要支援」「要介護」といった漠然とした知識しかありませんでした。

また、その時までは「仕事を辞めなければいけないのか」「会社にどのように伝えようか」

ということばかりが頭の中で回り続け、実際に必要な手続きや退院後の生活については考えていませんでしたが、智子さんと話をする中で大切なアドバイスをたくさんいただき、落ち着いて考えることができました。

①今すべきことはリハビリと心のケア

突然、脳梗塞になって一番精神的に落ち込んでいるのは父であるということ（そんなことさえ忘れていました）。精神的ショックや脳梗塞の影響から認知症になる人も多いことから、意欲をもってリハビリができるように、家族は精神的なサポート・ケアを積極的に行うこと。「頑張って」「しっかり」といった言葉は本人を追い詰めることもあるので、「一緒に頑張ろう」といった寄り添う声掛けや、落ち着くように手や身体をさするといったケアも必要。

②介護保険の申請は落ち着いてから

「介護が必要になる→介護保険の申請が必要」と考えてしまうが、脳梗塞や脳出血などで状態が安定していない時には介護保険申請はできない。今はまだ脳梗塞の治療やリハビリが優先で、要介護認定調査の申し込みは、その治療経過によって状態が安定し、リハビリによって介護の必要度やその方向性が見えてきてから。

③先のことを見据えながらも、先のことを考えすぎない

リハビリや残存機能によって、どのような介護が必要になるか、自宅で生活し続けられるか否かは一人ひとり違う。介護の問題から目をそらせてはいけないが、逆にあれこれと先のことまで考えすぎて不安ばかりが増大するのも良くない。「今できることをしっかりやること」「方向性が見えてくれば考える」という割り切りが必要。

「仕事を辞めなければならないかもしれない」「みんなに迷惑をかけないよう早めの決断が必要」ということが心の負担になっていたのですが、私だけでなく「親の介護で仕事を辞める人は多い」と話されたうえで、「親の介護をしたいので仕事を辞める」というのと、「親の介護で仕方なく仕事を辞める」というのは全く違うことだよと言われました。少しでも「仕方なく……」という気持ちがあるのなら、絶対に後悔するよとも言われました。

「あなたがどうしたいのかが一番大切」「仕事か介護かという二者選択ではなく、仕事を続けながら介護できる体制を一緒に考えましょう」と言ってくださいました。

父の退院、介護休業の取得

手術をした病院で四週間程度、そこからリハビリ病院に一ヶ月半ほど入院しました。その間、

毎週、水曜日と土曜日を休みにしてもらい、忙しくて行けない時には、兄や兄嫁、甥姪が代わりに行ってくれました。

車いす生活になるといわれていましたが、リハビリを頑張ってくれた結果、左半身に麻痺が残ったものの、何とか自立歩行（杖歩行）と自立排泄（立ち座りがまだ少し不安定）ができるまでに回復し、要介護2と判定されました。リハビリ病院からの紹介でケアマネジャーさんも決まり、介護ベッドや手すりの設置、一日二回の訪問介護（調理・洗濯、入浴など）、週一回の訪問リハビリ（入浴）、週一回の訪問看護をお願いすることにしました。

父の退院に合わせて、私も、二ヶ月の介護休業をいただくことになりました。

入院中は、「仕事はどうなっている？」「そんなに何度も来て大丈夫か？」「何度も来なくていいぞ」と心配してくれたのですが、やはり退院後のことが心配だったようで、「お父さんの退院に合わせて、二ヶ月お休みをいただいたから」と言うと少し驚いたようでしたが、気丈な父が麻痺した口で「すまんなお前に迷惑かけて」と涙ぐみ、私も一緒に泣いてしまいました。

退院の三日前からお休みをいただき、ケアマネジャーさんとの調整、ケアカンファレンス、住宅改修（手すりの設置）などを行いました。

智子さんからも、介護休業の取得にあたって二つのアドバイスをいただきました。

一つは、介護休業は私が介護をする期間ではなく、介護休業後の生活を考えて、介護環境を整える期間だということです。

「介護休業は二ヶ月」ということを念頭に置いて、その間に、その後のこと（自宅で生活し続けるのか、その課題は何か、できない場合どうするのか）について考え、想定し、覚悟しなければならないこと。介護休業の二ヶ月満了が近くなってから「一人ではやっぱり心配」「独居は難しいかな」となってはいけないということ。介護休業中は、父が一人になった時に問題がないかをチェックするのが家族の役割で、買い物や調理をお願いしているヘルパーさんの仕事に手を出さないようにと言われました。

もう一つは、私の意向をきちんと父と兄達に伝えるということです。

子供が三人いる場合、「介護負担はそれぞれ1／3ずつ協力しあって」というのは理想だけれど、それぞれの生活状況や物理的距離などによって、現実的にそのようなケースはほとんどないと言われました。

今回の場合、私が中心になって介護を行うことになるため、兄達には自分の考えや方針をきちんと伝え、金銭的な支援などできることを依頼するとともに、決めた方針に対して、あれこれ口を出さないようにさせることも大切だと言われました。ごちゃごちゃ言うなら、任せるから全部そっちでやってくれ！　と時には怒ることも必要と笑いながら言われました（幸い、そんなことにはなりませんでしたが）。

父が自宅に戻ってきた翌日、父、二人の兄と兄嫁、私の六人でこれからのことについて話し合いました。

「介護休業は二ヶ月しか取れない、仕事を辞めるつもりはない」と言った私に、一番共感してくれたのは長兄の兄嫁でした。「あなたにばかり負担をかけて申し訳ないと思っている。仕事を辞めるなんてとんでもない。私もできる限りのことはさせてもらう」と言ってくれました。次兄の兄嫁も土日には子供と一緒に来てくれるというので、その場で一ヶ月分のスケジュールを決めることができ、五人でＬＩＮＥを交換し、父の情報を共有することにしました。

介護休業をいただいたおかげで、通り一遍の親戚づきあいしかなかった兄嫁や姪甥たちとも仲良くすることができ、また父も、私の料理を美味しいと食べてくれ、二人で晩酌をしたり、昔話をしたりして、子供の頃は「お父さんっ子」だったことを思い出しました。

介護不安、老人ホームの検討

ただ、その一方で、実際に実家での生活がスタートし、一週間、一〇日たつと、日によって歩行中にふらついたり、トイレで立ち上がる時に転倒したこともあり、「二ヶ月後に本当に一人で生活することができるのか……」という不安が大きくなりました。「介護休業生活はどうですか?」とお電話いただいた智子さんに、その不安を相談すると、「介護サービスの変更は可能だが、本人も家族も一定の覚悟は必要」「もしくは、老人ホームや高齢者住宅を探してみれば良いのでは」と提案されました。

父は要介護2であり、特養ホームはまだ対象外です。有料老人ホームやサービス付き高齢者向け住宅も考えないことはなかったのですが、父が納得するか疑問でしたし、また一〇年前に亡くなった伯母（母の姉）が入所していた四人部屋の特養ホームは、寝たきりや認知症の人ばかりだったこともあり、躊躇していました。

しかし、民間の高齢者住宅は、全室個室であることや、父と同程度の要介護状態の高齢者も多いということでした。また老人ホームに入るというのは、「子供の家の近くのアパートに住みかえる」「たまたまそのアパートに介助機能が付いていた」という程度のことでしかなく、「京都で探せば、仕事終わりに毎日会いに行けるじゃない」と言われました。

その話を兄や兄嫁達にすると、「そっちの方が良いと思う」とみんな賛成してくれました。

夕食でお酒を飲んでいるときに父にその話をすると、「そうだなぁ……」と考え込んでいましたが、「そっちの方がいいかもなぁ……」と了承してくれました。そこではまだ「老人ホームに決定」ではなく、金額やサービス内容もあるので、資料を取り寄せたり、見学に行ったりして「良いところが見つかれば」ということにしました。

その日から、「京都近郊（私が通えるところ）」「入居一時金が数千万円じゃないところ」「介護サービスが付いているところ」とターゲットを絞って探し始めました。民間の高齢者住宅は、介護付有料老人ホームだけでなく、住宅型有料老人ホーム、サービス付き高齢者向け住宅など様々な種類があり、みんな「介護が必要になっても安心・快適」と書いてあります。ただ、現在要介護2であることや、将来、脳梗塞等が再発して介護が重くなったときのことを考えると「介護付が良いのでは」というアドバイスを受け、最終的に五つくらいの介護付有料老人ホームに絞り込んで見学し、うち二つのホームは、父も一緒に見学にいきました。

一ヶ月くらいかけてじっくりと選んだ結果、入居一時金がないこともあり月額費用が少し高いのですが、施設長さんが介護福祉士さんで、スタッフの方も感じが良く、介護機能の整ったところに決めました。月額費用だけでなく医療費などその他生活費を含めると、父の年金では月に一〇万円ほど不足するので、その分は父の預貯金から取り崩すことにしました。兄たちには、足りなくなった時にお願いすること、できるだけ父の面会に来てやってほしいと伝えました。

「新しい生活に慣れるだろうか」と心配していたのですが、スタッフの皆さんにもよくしていただいて、他の入居者の方と将棋をしたりカラオケをしたりと、家にいるときよりも元気になりました。最初の頃は毎日、面会にいっていたのですが、「そんな毎日来なくてよい」と言われ、「来週は忙しいから来れないよ」とか「取材で近くまで行ったので父の部屋でコーヒー休憩」と、お互いに新しい生活になじんできました。

父が倒れたという電話を受けてから、介護休業・老人ホームへの入居まで怒涛のような四ヶ月でした。突然のことにショックを受け、目の前が真っ暗になり悩んだ日々でしたが、多くの人に出会い、父や兄家族との関係を見つめ直すことができた大切な四ヶ月でした。半年が経過し、それまでと同じように仕事をしていますが、社長や編集長、私の穴を埋めてくれた他のスタッフの皆さん、そして智子さん、その他たくさんの人に本当に感謝しています。

今までより会社やみんなの力になれるよう、これからも仕事を頑張りたいと思っています。

3　老人性うつになった母への支援（本人五二歳、母親八〇歳）

介護問題の発生

私は五二歳、とある金融機関に勤めています。家族は妻と大学生の長女、高校生の次女の四人家族で、都内のマンションに暮らしています。

実家は車で一時間ほどのところにあり、八〇歳の母が一人で生活しています。一週間に一度は電話をし、月に一度程度は実家に帰っていました。体操教室に行ったり、趣味のパッチワークをしたりと元気に暮らしていたのですが、ここ一ヶ月ほど、やせてきたのが気になりました。話を聞くと「ご飯がおいしくない」と言い、体操教室も休んでいる様子。また「買い物に行っても、何を買うのか忘れる」「人の顔や名前が思い出せない」とも言い、薬の飲み忘れも増えているとのことでした。

同じく一時間程度のところに住んでいる妹に相談すると、「認知症の初期症状ではないか」と言われ、本人も少し気になっているようでしたので、有給をとって老年科を受診させることにしました。そうすると、「老人性うつ」と診断されました。そこで「一日一食しか食べないことがある」「家の中で何度も転倒している」「ガスコンロを消し忘れ鍋を焦がしたことがある」「テレビも見ないで、ぼーっとしていることが多い」と初めて知りました。

それを妹に言うと、介護保険サービスを利用するか否かは別にして「要介護認定をしておいたほうが良いのでは」と言われ、地域包括支援センターに連絡し、要介護認定をお願いすることにしました。結果は「要介護1」と判定されました。その間は、私たち夫婦だけでなく、妹や子供達も泊まりに行ってくれたので、少し元気になったようでした。

ただ、一つ心配がありました。私は勤めていた金融機関から出向する年代に差し掛かっており、ある会社（A社）から「来ないか」と誘いを受けています。まだ半年先の話なのですが、私のこれまで金融機関で培った経験やノウハウを十分に生かせる職場ですし、ありがたいことに給与もあまり下がりません。長女は来年大学を卒業し、次女も大学へ進学し一人暮らしを始めるということも重なり、いま住んでいるマンションを引き払い、夫婦で移り住む予定にしていました。

しかし、その会社がある場所から実家までは、電車でも四時間程度の時間がかかり、今のようにそうそう頻繁に通うことはできません。妹も義父の介護を抱えており、同居も介護もできません。母のことを考えると、「願ってもない話だけれど、転職（出向）は断った方が良いのだろうか」「今のマンションから通える場所が良いか、実家に帰ってそこから通える場所が良いか」と、考え込んでしまいました。

上司・人事に相談

一週間ほど悩んだ結果、先方にも迷惑が掛かるので現状を伝えておいた方が良いと思い、答えが出ないまま上司に相談することにしました

やはり、私だけでなく、同年代の親の介護に関する相談は増えているといいます。「A社への出向の話は人事にも通っている話であるし、介護の問題も含め人事部に相談してみては」と言われ、翌日アポイントを取って本店の人事部に向かうことにしました。

人事担当者に現在の状況について、簡単に話をしました。

◇来年の春に出向を予定（A社）しており、転居するつもりであった
◇母が、軽度の「老人性うつ」になり、認知症や将来の要介護を心配している
◇要介護認定を行い、要介護1と判定された。
◇現在のマンションからは一時間程度だが、転職・転居すると四時間くらいかかる
◇転居後の母の生活が心配である（認知症や要介護状態が進むのではないか）
◇A社への出向を進めるべきか、断るべきか悩んでいる

話し合いの結果、「A社を断るか否かをすぐに決断する必要はなく、まず母の介護への対応を検討するのが良い」ということになりました。そこに同席していたのは「介護担当相談員」の森下さんという女性で、人事担当者は「介護の問題は森下さんと……」と言うと部屋を出ていきました。

私は、「介護の問題」ではなく「出向の問題」を相談に来たつもりだったのですが、森下さんの話によると、私と同じように介護の問題で出向を取りやめたり、転勤を断ったり、また早期離職を検討するというケースが増えているため、人事部の中に介護問題の相談を専門に受け

持つ担当者を置いたとのことでした。彼女はもともと銀行員ではなく、介護福祉士とケアマネジャーの資格を持っており、介護現場の相談経験も豊富だということで、「自分だけでなく、みんな介護で悩んでいるんだなぁ」とあらためて認識するとともに、銀行が積極的にバックアップしてくれていることが心強くもありました。「プライベートな情報については秘密厳守します。人事にも反映されません」と森下さんが言ってくれたこともあり、安心して母の病状や妹のこと、また不安に思っていることなどについて相談することができました。

ネットで調べているうちに気になったのが、母が軽度の「老人性うつ」になった要因です。

老人性うつになる原因は、「仕事や家事など、社会的な役割がなくなった」「引っ越しをした」といった環境的要因と、「配偶者が亡くなった」「人から悪口を言われた」などの心理的要因があると書いてありました。しかし、生活環境は大きく変化していません。父は三年前に亡くなり、その時も落ち込んだのですが、最近までは元気にしていました。思いついたのは、父と母が長年一緒に飼っていた犬がこの春に死んだこと、また、体操教室などで一緒に活動していた友達が病気で亡くなったという話をしていたことも思い出しました。

森下さんに「自分が出向で実家から離れた場所に転居することを、介護の専門家としてどう思うか」と聞いたところ、「断言はできない」と前置きしたうえで、「話を聞く限り、息子さん（私）のことをとても頼りにされている様子なので、遠くに行かれるとなると、ショックを受ける可能性はあるかもしれない」とのことでした。

私の想像・心配していた通りの答えでした。ただ、その上で、出向先に行くまでにはまだ時間があるので、「A社を断る」「早期離職する」といったことをすぐに決断するのではなく、「介護休業を検討してみてはどうか」と提案されました。

「えっ？ 介護休業？」と思わず聞き返しました。「老人性うつ」と診断され、介護保険制度では要介護1と認定されましたが、排泄や入浴などは介助がなくても、今のところ何とか生活できています。私が直接介護をする必要もありません。

ただ、森下さんの話によると、「歩行や移乗が不安定で転倒のリスクがある」「食事が適切に取れていない」「薬の飲み忘れが多い」などの状態であることから、介護休業の対象になるとのこと。一ヶ月程度、介護休業をとって、寄り添って色々話をすることができれば母も安心するだろうし、必要であれば介護サービスの導入を検討すればよい。その状態を見ながら、これからのことを考えればよいのではないか、とのことでした。

介護休業の取得とその後

上司に相談をすると、「最終的には君が決めることだが」と断ったうえで、「A社への出向はセカンドキャリアとして申し分なく、今のうちに、きちんと時間をとって考えた方が良い」と言っていただき、森下さんのアドバイスに従って、申し出から二週間の間に業務の割り振りを行い、一ヶ月間の介護休業をとることになりました。母には、「もうすぐ銀行卒業なので、一ヶ月の休みをもらえた」と言い、実家で短期間の同居をすることにしました。

母のケアプランは、地域包括支援センターから紹介していただいたケアマネジャーさんにお願いし、週に二度、運動機器を使った体力向上の通所リハに行くことになりました。それ以外に、古くなっていた浴槽を高齢者仕様のものに変更したり、トイレ前の手すりの設置、玄関の段差解消などの改修を行いました（一部、介護保険を使いました）。その他、買い物用の手押し車を買ったり、古くなっていた冷蔵庫を買い替えたり、また、「ワン切り」や「もしもし」と言った後に何も言わずに切る電話が数回かかってきたため（これまでも時折あったらしい）、留守番機能・録音機能・見守り機能のついた多機能電話に変更し、登録してある電話番号以外には出ないように伝えました。これまでも月に一度、二度は帰っていたのですが、それだけではわからないことがたくさんあると感じました。

私にとって一番安心だったのは、母にはたくさんの友達がいたということです。体操教室に行かなくなった母を心配して、何人かの友人が電話をくださったり、訪ねてこられたりしましたし、近所の人からも声をかけられました。母は「体調を崩したので、しばらく息子が会社を休んで帰ってきてくれた」と嬉しそうに話をしていました。

二週間ほどして、「出向先は、今より少し遠くになるかもしれない」という話をしました。母は「それは良かったわねぇ」と心から喜んでくれ、わざわざ休みをとったことをわかっていたのか、「私のことは大丈夫、色々心配かけたね」と笑ってくれました。

「新しい犬はもう飼わない（自分の方が先に死ぬから飼いきれない）」と言っていたのですが、娘たちが「もし、おばあちゃんが無理になったら、お父さんか私たちが飼うから」と勧め、これまでの中型犬ではなく、室内犬（白いマルチーズ）を飼うことになりました。結局、私が同居したのは最初の三週間程度で、四週間目の後半は自宅に帰り、母の「老人性うつ」の診察に同行しただけになりました。

ただ、森下さんのアドバイスに従って、一ヶ月の介護休業をとれたことは、母にとってだけでなく、私にとっても意味のあるものでした。休みを取らなければ、「母は大丈夫だろうか」「出向を辞めるべきか」と直前までずっと悩んでいたでしょうし、A社に出向しても短期間で辞めていたかもしれません。また、母の病状が悪化したり、認知症になっていたりすると、会社を辞めなければならず、「あの時、きちんと対応していれば……」と後悔していたでしょう。

もちろん、これで母の介護問題が解決したわけではなく、これからも転倒して骨折したり、脳梗塞で入院したりということがあるでしょう。介護問題が起これば、どうしても子供は慌ててしまい、「自宅で介護するのか」「老人ホームか」「仕事を辞めなければいけないか」とバタバタと考えがちですが、今回のように一ヶ月程度の介護休業をとって、専門家を交えて問題を整理して考えることができれば、慌てずに最良の方法を見つけられることを知りました。

あれから三ヶ月が経ちますが、母は元気を取り戻し、明るく暮らしています。長女と次女も就職・進学が決まり、頻繁に「マル」（マルチーズ）に会いに行っていますし、今のマンションにそのまま二人で暮らすようです。

新しい会社への出向も決まり、社長との面談の場で、今回の母の介護と「介護休業」について話をしました。母が要介護状態になった時は、また取得できるように依頼するとともに、その必要性や重要性について話をすることができました。

新天地でも、社内で介護に困っている人がいれば、積極的に自分の経験を伝えることができればと思っています。

第3章

在宅生活を続ける場合の家族の役割・注意点

これまで述べてきたように、介護休業の目的は、要介護者（親など）の生活環境・介護環境を整えることです。それは大きく、「住み慣れた自宅（実家）で在宅生活を続けるのか」「老人ホーム・高齢者住宅に住み替えるのか」という二つに分かれます。

この章では、在宅生活を続けるという選択をした場合、どのような点に留意して生活環境を整えていくのか、その流れとポイントについて整理します。

1　介護生活する上で基礎となるケアマネジメントの理解

介護保険利用には事前の「申請」が必要

要介護高齢者の生活を整えるために必要不可欠となるのが、介護保険の利用です。介護保険の各種サービスの利用には、要介護度の認定を受けることが前提となるため、まずその申請を行います。

骨折、脳梗塞などで病院に入院している間は、介護保険は利用できませんが、退院後すぐに介護サービスが利用できるように申請します。ただこれは「入院後すぐ」「手術後すぐ」ではなく、リハビリなどを行い、ある程度状態が安定してからになります。

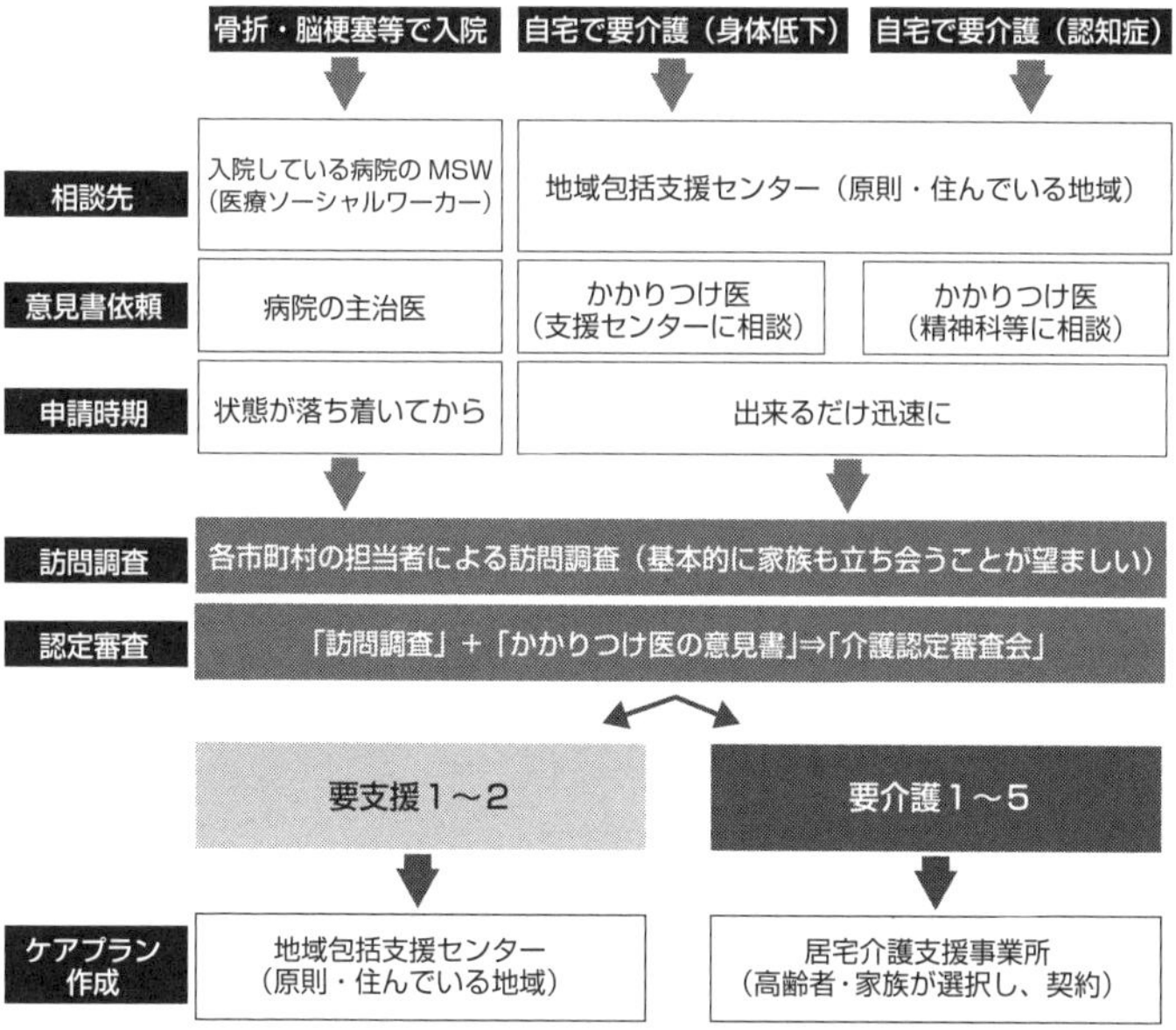

図表３－１　ケース別　要介護認定申請からケアプランの作成へ

病院にはＭＳＷ（医療ソーシャルワーカー）がいますから、申請のタイミングや手続きなど、わからないことは何でも相談しましょう。小規模の病院などＭＳＷがいない場合は、住所地のある地域包括支援センターに相談します。

入院中の場合、かかりつけ医の意見書は、病院の主治医に依頼することになります。

一方で自宅で生活をしている場合は、住所地を管轄する地域包括支援センター（概ね中学校区に一つ設置）に連絡をすると、申請を代行してくれます。ほとんどの人は親が要介護になるのも、介護サービスを利用するのも初めてです。不安なことやわからないことは、何でも相談しましょう。申請には「かかりつけ医の意見書」が必要となるため、普段かかっている病院・診療所の医師に「介護保険の意見書をお願いします」と依頼しておきます。最後に受診をしてから時間が経っている場合、診察を受け、現在の身体状況や要介護認定申請をする理由などを伝えておきましょう。かかりつけ医がない場合、地域包括支援センターに、高齢者医療に詳しい近くの診療所を紹介してもらいます。

認知症ではないかと感じる場合は、内科・整形外科等の「かかりつけ医」があっても、精神科や心療内科、老年科、ものわすれ外来などで、必ず正確な診断を受けましょう。その原因によっては、治るものや症状が軽減するものもありますし、進行を遅らせることもできます。また、自宅で認知症の症状が出ていることを知らせずに意見書を頼むと、訪問調査の内容と乖離するため再調査で時間がかかったり、認知症を判定しない軽い要介護認定となってしまいます。かかりつけ医に事情を説明し、専門病院への紹介状を依頼します。

市町村の担当課に申請すると、各市町村から委託された調査員によって、移動・移乗、食事、排泄といったＡＤＬ（日常生活動作）、認知症の有無を中心とした訪問調査が行われます。訪問調査時には、家族も立ち会います。特に認知症の場合、本人からの回答だけでは正確な判断ができませんから、併せて家族からの聞き取りも行われます。

その「訪問調査票」と、医療的な見地から作成される「かかりつけ医の意見書」をもとに、介護認定審査会において、自立、要支援1～2、要介護1～5まで八段階に認定されます。

要介護認定（申請）のあと、実際に介護サービスを利用するために必要となるのが、「ケアプランの作成」です。

要支援1～2の場合、ケアプランの作成は、それぞれの地域を管轄する地域包括支援センターが行います。一方、要介護1～5と認定された場合は、その地域にある居宅介護支援事業所の中から選択することになります。どこに依頼すればよいかわからない場合、認定調査の相談をした病院のMSWや地域包括支援センターに紹介してもらいましょう。

自立と判定された場合は、介護保険の各種サービスは利用できません。ただ「配食サービス」「緊急通報サービス」など、一人暮らしが不安な高齢者のために、介護保険以外で利用できるサービスもたくさんあります。自治体によっては、一部補助が出るところもありますから、地域包括支援センターに相談しましょう。

訪問調査から認定までは、約一ヶ月程度かかります。ただ、結果が出なくても、役所に申請した日（調査の日からではない）から、介護サービスを利用することは可能です。入院中の時は、退院に合わせてある程度生活環境を整えておかなければなりませんし、自宅で生活をしている場合でも、早期に新しい生活環境を整え、家族が介護休業期間中にその生活状況をチェッ

要介護区分	区分支給限度額
要支援1	5,032単位（約50,320円）
要支援2	10,531単位（約105,310円）
要介護1	16,765単位（約167,650円）
要介護2	19,705単位（約197,050円）
要介護3	27,048単位（約270,480円）
要介護4	30,938単位（約309,380円）
要介護5	36,217単位（約362,170円）

重度

図表3－2　要介護度別区分支給限度額（2020年10月現在）

クしなければなりません。居宅介護支援事業所や地域包括支援センターに相談し、暫定的にケアプランを作成し、早期に介護サービスの導入を行いましょう。

要介護認定からケアマネジメントへ

自宅で生活する場合の介護保険の利用方法は「区分支給限度額方式」です。図表3-2のように、認定された要介護度ごとに一ヶ月あたりの「区分支給限度額」が設定されており、それぞれの限度額を上限に介護サービスが利用できます。要介護度が重くなれば、よりたくさんの介護サービスを利用することができるという仕組みです。

ただ、一概に「脳梗塞によって右麻痺、要介護2」の高齢者といっても、「どんな生活をしたいのか」「生活上、どんな問題があるのか」は、一人ひとり違います。そのため、要介護状態や生活環境、個別の希望に

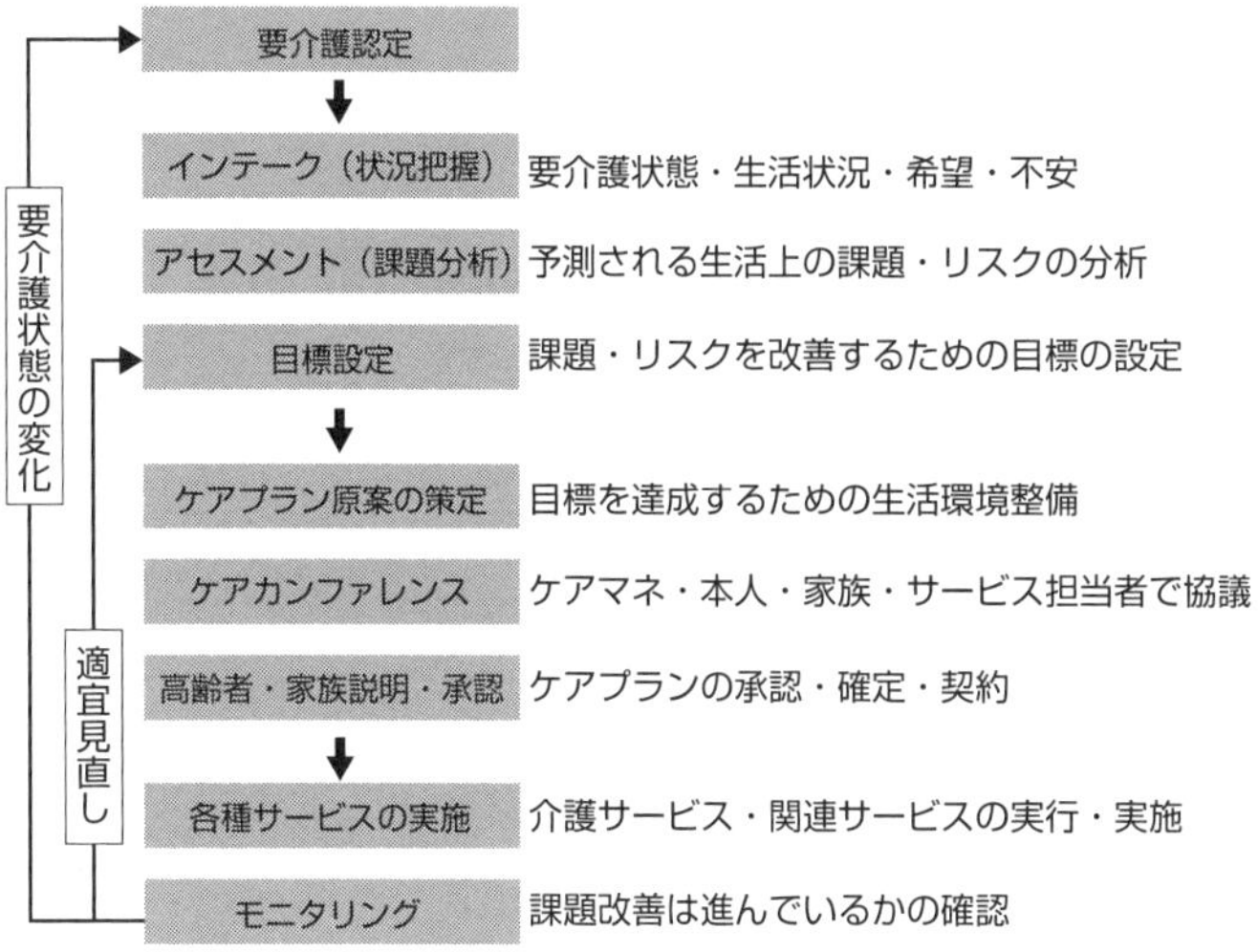

図表3－3　要介護認定からケアマネジメントの流れ

合わせて「どうすれば最も安全、快適に、その人らしく生活することができるのか」を検討しなければなりません。その検討作業全体をケアマネジメントといい、その過程や成果を書類にまとめたものがケアプランです。

ケアマネジメントの流れを整理します。

まずは、ケアマネジャーと面談し、現在の要介護状態、身体状況や生活状況、家族の状況、希望や不安などについて詳しく説明します。これがインテーク（状況把握）と呼ばれるものです。介護休業を取っている（予定含む）場合、その休業期間（終了予定日）や、その間に新しい生活環境を整え、チェック・確認したいことを必ず伝えましょう。

インテークの中で得られた情報をもとに、ケアマネジャーは介護専門性の見地から、実際生活において、どのような生活課題やリスクがあるのかをアセスメント（課題分析）します。

◇立ち座りの時にふらつき転倒の可能性が高い
◇現在の浴室でひとり入浴するのは困難
◇部屋の片づけ、掃除ができない
◇玄関アプローチの段差が大きく、転落のリスクがある
◇薬の飲み忘れが多く、脳梗塞の再発が不安
◇外出や、他の人と話をする機会が減っている
◇特殊詐欺やセールスの電話が多い
◇ガスコンロを消し忘れることがあり、空焚き・火災のリスクがある

このように、要介護高齢者の生活を考えると、様々な課題がでてきます。その解消に向けて、「安全に生活ができるようにする」「薬の飲み忘れをなくし、脳梗塞の再発を防ぐ」「外出の機会を増やす」「リハビリを行い筋力の強化を行う」といった目標を立てます。

その目標が達成されるように、介護サービスの導入や住宅改修、福祉用具導入などのプラン

ニングを行っていくのです。

▽布団から介護用ベッドに変更し、立ち座りの手すりを設置する
▽玄関の上がり框《かまち》の一部に段差解消の住宅改修を行う
▽入浴中の見守り・居室内清掃のために訪問介護を導入する
▽訪問看護を利用し、バイタルチェックと服薬管理を行う
▽他の人との会話、リハビリ機会を増やすために通所リハビリを導入する

このケアプランの原案は、ケアマネジャーが作ってくれます。ただ、ケアマネジャーが作るのは、あくまでも原案です。この原案をもとに、訪問介護、訪問看護、通所リハ、福祉用具、住宅改修などの各担当者、そして要介護高齢者本人や家族が集まって、ケアカンファレンス（サービス担当者会議）を行います。現代の介護はチームケアが基本です。ケアマネジメントの中で検討した生活上の課題や目標を全員で共有し、サービス上の注意点について、それぞれの立場から検討します。

訪問時に鍵が開いていなかった場合にどうするのか、転倒などを発見した場合は誰に連絡するのか、どこの医療機関がかかりつけ医なのか……など、共有すべき情報はたくさんあります。

もちろん、そのチームには要介護者本人も家族も入ります。

脳梗塞で半身麻痺の場合、右から降りるのか、左から降りるのかによってベッドの向きは変わりますし、それによってトイレへの生活動線や転倒のリスクも変化します。現在の生活、これからの生活をイメージしながら、ベッドをどこに置くのか、どの向きに置くのかを検討しなければなりません。

玄関は大掛かりな改修ではなく、靴の着脱用のいすを置くのも一つの方法です。実際の生活をイメージしながら、また金銭的な負担も考えながら、疑問や不安は何でも伝えましょう。

それはケアプラン原案の中で示された内容だけではありません。

▽ガスコンロをIHヒーターに、特殊詐欺防止付電話に変更する
▽映像付きのIP電話に変更、介護サービスのない水曜・日曜は家族が電話する

家族もチームケアの一員です。プロにお任せではなく、「家族が何をするのか」「何ができるのか」を説明し、その情報も共有する必要があります。

転倒や急変時には、すぐに連絡してもらうことになります。仕事などで電話が繋がらない場合にどうするのか、その地域に暮らす叔父・叔母に病院に行ってもらうなど、あらかじめ対応

方法を決めておきましょう。

　このケアカンファレンスによって、目標や注意点の共有・修正を行い、高齢者・家族が承認すれば、そのケアプランに基づいて各事業者と契約し、それぞれのサービスがスタートします。

　もちろん、このケアプランは一度作れば終わりというものではありません。策定したケアプランが適切に行われているのか、何か問題が発生していないかをモニタリングするのもケアマネジャーの仕事、家族の大切な役割です。ケアマネジャーは最低月に一度は訪問し、確認することになっています。介護休業期間中に家族は、できるだけ一緒に生活して「一人になった時に問題はないか」「見落としていることはないか」をチェックします。

　何か課題が見つかった場合は、ケアマネジャーに相談して随時、修正します。また、加齢によって身体機能は低下していきますから、半年に一度は担当者が集まり、ケアカンファレンスを行います。そしてその都度修正、見直しを重ねながら、在宅生活を続けていきます。

　ケアプランは、訪問介護や通所介護などの介護サービスを導入し、その報酬算定や管理を行うためだけの書類ではありません。家族の役割、介護保険以外のサービス導入などを含め、安全な生活、希望する生活をどのように支援していくのかという設計図なのです。

ケアマネジメントから介護サービス利用へ

要支援と要介護では、介護保険で利用できるサービス内容や利用方法が少し違うため、ここでは「要介護」の利用の仕組みについて簡単に解説します。

自宅で生活を続ける場合、訪問系、通所系、短期入所系など、様々な介護サービスを組み合わせて、要介護高齢者の生活を組み立てていきます。訪問系は自宅に来てもらってサービスを受けるもの、通所系は半日程度、通所サービスセンターに行って介護、看護、リハビリ等を受けるもの、短期入所系は一週間程度、特養ホームや老健施設等に入って介護を受けるものです。複合サービスは、訪問・通所・泊まり（短期間）が一体的に行われます。

図表3-5の例で見ると、区分支給限度額内の介護サービスとして、「介護用ベッドのレンタル（福祉用具貸与）」「食事準備と清掃の訪問介護：火・土（一〇時～一〇時四五分）」「服薬管理とバイタルチェックの訪問看護：木（九時半～一〇時）」「通所リハ：月・金（一〇時～一六時）」があり、それ以外に、区分支給限度額外で利用できる「玄関の段差解消のための住宅改修」、介護保険外のサービスで「配食サービス：水・木・日」を導入しています。これらはケアマネジャーを通じて、各サービス事業者に調整を依頼します。

介護報酬は、利用したサービスの種類、時間、回数によって、出来高で算定されます。述べた通り、要介護度に合わせて「区分支給限度額」が設定されており、この限度額内であれば、

区分支給限度額内	訪問系サービス	◇訪問介護　◇訪問入浴介護　◇訪問看護　◇訪問リハビリ ◇夜間対応型訪問介護　◇定期巡回随時対応型訪問介護看護
	通所系サービス	◇通所介護　◇通所リハビリ　◇認知症対応型通所介護
	短期入所系サービス	◇短期入所生活介護　◇短期入所療養介護
	複合サービス	◇小規模多機能型居宅介護　◇看護小規模多機能型居宅介護
	その他サービス	◇福祉用具貸与
区分支給限度額外	◇住宅改修費　◇福祉用具購入　◇居宅療養管理指導	

図表3－4　介護保険制度で利用できる介護サービス一覧（在宅）

	月曜	火曜	水曜	木曜	金曜	土曜	日曜
早朝							
午前	通所リハ	訪問介護		訪問看護	通所リハ	訪問介護	
午後	通所リハ		配食サービス	配食サービス	通所リハ		配食サービス
夜間							
その他	◇住宅改修　◇介護用のベッドレンタル（福祉用具貸与）						

図表3－5　区分支給限度額方式のケアプラン例（週間行動計画表）

【区分支給限度額内サービス】

要介護１（区分支給限度額：16,765 単位）

訪問介護（生活 45 分以上）	224 単位 ×８回	＝1,792 単位
訪問看護（30 分未満）	469 単位 ×４回	＝1,876 単位
通所リハビリ（６～７時間）	670 単位 ×８回	＝5,360 単位
介護用ベッド（各種付属品含む）		1,200 単位

区分支給限度額：16,765 ＞ 10,228 単位

介護報酬：10,228 単位 ×10 円（地区単価）	＝102,280 円
自己負担：102,280 円 ×10%（１割負担）	**＝10,228 円**
保険適用：102,280 円 ×90%	＝92,052 円

【区分支給限度額外サービス】

玄関の段差解消住宅改修：180,000 円

自己負担：180,000 円 ×10%（１割負担）	**＝18,000 円**
保険適用：180,000 円 ×90%	＝162,000 円

【介護保険外サービス】

配食サービス（昼食のみ）　１食 600 円（昼食のみ）
通所リハビリ（食事・おやつ代）　700 円（昼食時）

自己負担：600 円 ×12 食分＝7,200 円（配食サービス）
自己負担：700 円 ×８回分＝5,600 円（通所リハビリ）

図表３－６　区分支給限度額方式の１ヶ月あたり介護報酬・自己負担計算表例

収入によって一割～三割負担で利用できます。区分支給限度額を超えた場合、超えた部分については全額自己負担（一〇割負担）となります。

住宅改修は、区分支給限度額外のサービスです。介護環境整備のために行った住宅改修で二〇万円を限度に利用することができます。三〇万円の改修工事を行った場合は、そのうち二〇万円までが対象となります（一割～三割の自己負担）。一度に二〇万円を使い切ってしまう必要はなく、手すりの設置、段差の解消など、分割することもできます。

自治体によっては、独自の補助制度を設けているところもありますので、確認しましょう。

2 「自宅で介護生活」で家族が考えること、すべきこと

在宅介護における家族の役割は「ケアマネジメントの支援」

介護休業は九三日間しかありません。二回に分割して取得すると、一回あたり一ヶ月～二ヶ月程度。その間に自分であれこれ介助、介護をしてしまうと、「同居しないと生活が成り立たない」という状態に陥ります。それでは介護休業の意味がありません。

一方で、家族にしかできないこと、家族がすべきこともたくさんあります。それは「ケアマ

ネジメント」への積極的な関与です。

ケアプランは、要介護高齢者本人の希望、生活ニーズに合わせて作成するものです。ただ、要介護高齢者は、認知症でなくても、どのような生活をしたいかを主張したり、サービス・契約内容を詳細に理解し、判断、選択できる人はほとんどいません。それを実務的にも、法的にも代行できるのは、家族しかいないのです。

ケアマネジメントにおいて最も重要なことは、生活上の不安や希望をしっかり伝えるということです。家族の中にも、「プロのケアマネジャーにお任せしておけば大丈夫」「たくさんのケースを知っているから、ベストなケアプランを作ってくれるだろう」という人が多いのですが、これは全くの間違いです。

それは、医療と比較するとよくわかります。医療の場合、医師から診察・診断を受け、その治療に向かっていきます。ただ、医師と患者では絶対的な経験値や知識量が違うため、医師から患者に治療方針や内容、リスクをわかりやすく説明すること（インフォームド・コンセント）が求められています。

これに対し、介護は生活支援です。ケアマネジャーは高齢者介護の専門家ですが、「要介護2、右半身軽度麻痺、歩行不安定」という同程度の要介護状態であっても、共通した「モデルケアプラン」「標準的な介護サービス」というものはありません。

例えば、健康的な生活のためには朝・昼・夕と時間通り、三食の食事が必要だとされていますが、高齢者と話をすると、「お腹が減らないから」と、一日二食という人も少なくありません。私たちは毎日入浴しますが「週二回程度で良い」という高齢者もたくさんいます。デイサービスに通ってワイワイと話をしたい人、デイサービスには行きたくないという人、リハビリを頑張りたい人、しんどいことは嫌な人、高齢者によってそれぞれです。

高齢者の生活や介護サービス利用に、「〇〇すべき」というのは一つもありません。

それはケアマネジャーもわかっており、画一的な価値観を押し付ける気持ちはありません。ただ、お任せにされると「規則正しい生活を」「外出の機会を、他の人との交流を」と、一般的に正しいと言われる生活改善のためのサービスの提案をすることになります。本人の性格を理解し、どんな生活をしたいのかを代弁でき、その結果に責任を取れるのは、家族だけなのです。

介護休業中の家族が行うべき介護とは

介護休業中の家族のもう一つの役割は、「モニタリング」です。それは導入したケアプランが適切に機能し、介護休業期間が終わり一人暮らしに戻っても、安全に、快適に生活できるかをチェックすることです。

ケアプランの作成への積極的関与

アセスメント

・親の生活状態・希望、家族の不安をしっかりとケアマネジャーに伝達

ケアカンファレンス

・親の代わりに、ケアプランの中身、契約内容を理解・吟味
・チームケアの一員として、家族ができることを示し、情報を共有

モニタリングの実施

トライアル

・本人の気持ちの整理、新しいサービス導入へのトライアル

リスクのチェック

・ケアプランは機能しているか。生活上の課題やリスクの検証

図表3－7　在宅介護における家族の役割・介護休業期間中にすべきこと

その一つは、サービス導入へのトライアルです。述べたように、生活ニーズ、生活リズムは一人ひとり違い「生活は規則正しくあるべき」というものではありません。その一方で質の高い生活、安全な生活を続けるには、アセスメントを土台とした介護専門性の高い見地からの意見も重要です。

例えば、「通所サービスに行きたくない」という人でも、実際に一度利用してみれば、思ったより楽しかったという人はたくさんいます。また、「リハビリはしんどいから嫌だ」と言っていても、通所リハビリで専用機器を使ったリハビリもあれば、理学療法士や作業療法士に自宅に来てもらう、訪問リハビリもあります。

突然の要介護で一番不安を感じているのは本人です。これまで当たり前にできていたたくさんのことができなくなり、気持ちが弱くなって「何も

したくない」という人も多いのです。

「そう言わずに、一度デイサービスの見学に一緒に行かない？」

「配食サービスのお弁当も、一度食べてみれば？」

「一週間に一度でも、大きいお風呂に入ったら気持ちいいよ」

と、高齢者の不安をくみ取って、後ずさりする気持ちをやさしく後押しすることができるのは、介護休業中の家族です。「人見知りなので」「リハビリが嫌いで」と本人のいないところで相談しておけば、それぞれプロのサービス担当者が工夫してくれます。やってみたけれど本人には合わないのであれば、他の方法を試行すればよいのです。

もう一つは、「リスクのチェック」です。

「要介護高齢者の介護環境を整えること」は、実務的に言えば「要介護高齢者のリスクに対応した生活環境に作り直すこと」です。それがケアプランの基本的な目的・目標です。

述べたように、ケアプランは作れば終わりではなく、そこからがスタートです。家族は介護休業期間中に同居しながら新しい生活をモニタリングし、「ケアプランが適切に機能しているか」「見落とされていた課題やリスクはないか」をチェックするのです。

転倒・溺水・誤嚥などの生活上の事故リスクの軽減

自宅で生活する場合、想定すべきリスクは「転倒転落などの事故」「火災・自然災害・犯罪」「体調不良・急変」の三つに分けることができます。

まずは転倒・転落・溺水、誤嚥《えん》などの生活上の事故リスクの軽減です。高齢者や家族は、「家の中にいるのが一番安全」と考える人が多いのですが、それは大きな間違いです。高齢者の家庭内での事故による死亡者は二万三八九一人と、交通事故死（二六四六人）の九倍も多いことがわかっています（平成三〇年、消費者庁調べ）。

特に、骨折や脳梗塞で要介護状態になった場合、頭ではこれまで通り身体が動かないということが分かっていても身体が慣れていません。手を突く、バランスをとるなど危険回避のとっさの行動ができませんから、骨折や頭部打撲、溺水などの重大事故のリスクがより高くなります。

自宅内での事故を予防するための対策は大きく三つに分かれます。

①生活上発生しうる事故の想定・理解

高齢者の自宅内での不慮の事故で、発生件数・死亡件数ともに高いのが、「転落・転倒」「食事中の誤嚥・窒息」「入浴中の溺死」の三つです。

入院をした場合、全身の筋力は大きく低下しています。特に脳梗塞の場合は、表面に表れない咀嚼機能や嚥下機能も低下している可能性があります。トイレに行くとき、冷蔵庫に牛乳を取りに行くとき、立ち座りの時は「転倒・転落のリスクがある」、ご飯を食べるときは「誤嚥・窒息のリスクがある」、お風呂に入るときは血圧が急に上がったり下がったりするので「急変や溺水のリスクがある」ことを知っておくということです。

「どんな時に転倒しやすいのか」「どんな食事で誤嚥・窒息しやすいのか」「入浴中の溺水・ヒートショックはなぜ起きるのか」はわかっています。それぞれの要介護状態に合わせて、「うちの母、父はどんな事故リスクがあるのか」「どの場所が危険なのか」、想定される生活上の事故リスクを理解することが最初のステップです。

②ハードの見直し

生活上の事故予防対策の基本は、建物・設備・備品の見直しです。

階段や廊下に手すりを付けたり、段差をなくすなどの「住宅改修」をイメージする人が多いのですが、それだけではありません。「カーペットの端が浮かないようにする」「新聞やチラシを踏んで滑って転ばないように置き場所を決める」「電気コードを歩行動線には引かない」「廊下や階段を片づける」など、お金をかけないでできることもたくさんあります。特に、トイレや居間など、生活動線の周辺を注意しましょう。

ただ、「危ないから」と、家族が勝手に動かすのはＮＧです。模様替えをすると、夜中にトイレに行くときに無意識に手をついていた戸棚がないことを忘れ、「転倒・骨折」といった事故が増えます。手すりの端が服に引っかかって転倒の原因になることもあります。家族が新聞やチラシを片づけても、一人暮らしになると、元の状態に戻ってしまいます。転倒のリスクが高いということを十分に話し合い、同居している間に、日々の生活動線を親と一緒に「読んでない新聞はここに置こうか」「読み終わったらここに入れよう」「もう一回り大きなカーペットを買おうか」と確認、承諾を得ながら進めることが必要です。

③生活・サービスの見直し

高齢者は、嚥下・咀嚼機能が低下し、口内の唾液も減少するため、誤嚥や窒息が増えます。高齢者の肺炎のほとんどが誤嚥性肺炎であり、脳梗塞の予後は特にリスクが高まります。「ゆっくり、よく噛んで食べる」「ご飯の前に汁物やお茶で口内を潤す」「おもち等詰まりやすいものを食べるときには細かくする」など、意識的に生活行動を見直すことが必要です。

また、特に寒くなると、ヒートショックによる入浴中の死亡事故が増えますから、「浴室暖房を活用する」「湯温を高くしない」「浴槽に浸かる時間を短くする」などの対策を検討します。

それでもリスクが十分に軽減できなければ、「入浴はデイサービスで」「ヘルパーさんが来ているときに入浴する」といった各種サービスの導入を検討します。

この事故リスクの想定については、要介護状態や生活環境に合わせて、ケアマネジャーが一緒に考えてくれます。家族はそれを土台にして、介護休業中にできることを考えていきます。

火災・自然災害・犯罪リスクの軽減

火災や自然災害、また特殊詐欺などの犯罪も、一人暮らしの高齢者には大きなリスクです。平成三〇年の消防白書によると、平成二九年度の一年間の火災による死者数は一四五六人、放火自殺者を除けば七〇％以上が高齢者であり、「一〇万人当たりの死者数」でみると、八一歳以上の高齢者は全年齢階層の四・四倍に上ることがわかっています。また「平成三〇年における特殊詐欺認知・検挙状況等について」によると、平成三〇年のオレオレ詐欺の件数九一三四件のうち、被害者は七〇歳以上の高齢者が全体の九〇％を超えています。

①失火を防ぐ

火災になると、ほとんどの要介護高齢者は迅速に逃げ出すことができませんし、その被害は他の住民の生命・財産にまで及びます。自宅からの失火の原因として多いのが、「たばこ」「暖房機器」「電気の漏電」「ガスコンロ」です。

タバコを吸う場合は、「火災になれば近隣の人にも大迷惑をかける」ということを厳しく伝える必要があります。止められない人もいるでしょうから、火災の危険性が低い加熱式タバコに変えてもらうのも一つの方法です。また、「吸うなら台所で」「洗面台で」といったように、すぐに消し止められるよう水回りの近くで喫煙してもらう工夫が必要です。

暖房機器も失火原因の一つです。石油ストーブの上や近くに洗濯物をかけている人や、布団やベッドのそばに電気ストーブを置いている人がいますが、布団や衣類に火が燃え移り非常に危険です。コタツの中に衣服を入れて温めるという人もいますが、これも火災の原因になっています。また古い電気製品はコンセントの部分が摩耗によって露出していたり、「タコ足配線」「コンセントの差しっぱなしで埃が付いている」などの事象が重なり、漏電による火災リスクが高くなります。

タコ足配線やコンセントの汚れについて見直すとともに、暖房機器については、できれば火災リスクのない安全なものに買い替えましょう。あわせて、「空焚き防止機能付きコンロ」「IHヒーター」などへの見直しを行いましょう。

②類焼・自然災害から身を守る

高齢者、特に要介護高齢者は災害弱者です。近隣から火災が発生した、あるいは河川氾濫、地震などの自然災害が発生した場合でも、若者のように迅速に逃げ出すことができません。自然災害についてはハザードマップ（ネットで簡単に調べられます）で、その地域・立地にはどのようなリスクがあるのかを調べておきます。「裏山の土砂災害」「地震」「河川の氾濫」などを想定し、「寝室や居間のタンスや家電は耐震マットなど転倒防止措置を取っておく」「ベッドは土砂が入り込まない場所に設置する」など、できることを考えましょう。

仲の良い近隣の人や民生委員、社会福祉協議会などに、「要介護の母が一人暮らししています」と伝えておくことも必要です。

③特殊詐欺などの犯罪リスクへの対応

「オレオレ詐欺」に代表される高齢者を対象とした特殊詐欺は、年々巧妙化しています。「私は大丈夫・騙されない」と思っている人ほど簡単に騙されてしまうのが特徴です。それは単なる金銭的な被害に留まらず、精神的ショックから認知症になったり、うつ病になる人も少なくありません。

「騙されないように注意する」ではなく、実務的な対策が必要です。テレビ等でも紹介されている通り、「録音機能をつける」「留守番電話にする」といった対策が効果を上げています。留守番電話も本人ではなく、家族や若い人の声で録音するというのも一つの方法です。また、「知らない人が来ても家の中に入れない」というだけでなく、「わかりやすい場所に防犯ライト、防犯カメラを付ける」といった対策を検討します。

あわせて、できるだけ頻繁に電話をして、「変わったことはないか」「変な電話はかかってきていないか」といった確認を行いましょう。

体調不良・事故・急変時の対応を考える

最後の一つは、転倒骨折や脳梗塞、心筋梗塞などの急変リスクへの対応です。要介護の親の一人暮らしは、「また脳梗塞になったら」「心筋梗塞になったら」「一人の時に転倒・骨折しても誰もいない」という怖さがあります。

①事故・急変リスクへの見守り

まず理解しておかなければならないのは、骨折や疾病の「事故・急変リスク」というのは、同居をしていても、老人ホームに入っていても同じだということです。

一緒に住んでいても、普通の生活をしている以上、転倒事故や誤嚥事故は発生します。「大きな音がして見に行くと転倒していた」「母がお風呂から出てこないので見に行くと亡くなっていた」ということもあります。特養ホームや介護付有料老人ホームに入っていても、「朝食に出てこられないので、部屋に訪問したら心筋梗塞で亡くなっていた」ということはありますし、二四時間スタッフが横についているわけではありませんから、「部屋の中で転倒して骨折」という事故も発生します。それは誰にも防ぐことはできませんし、誰の責任でもありません。

大切なことは、離れていても、一緒に生活していなくても「早期発見ができる」「見守りができる」「緊急対応ができる」体制を構築するということです。

その一つが介護サービスや配食サービスの導入です。

訪問介護や配食サービスは、「調理や掃除のため」「食事のため」と考えがちですが、もう一つ重要な機能が「安否確認」です。一日に一度、何らかのサービスが提供されれば、その時に「異常がなかった」「元気にしていた」とわかります。それ以外に、毎日夜に家族や子供の誰かが電話をすれば、一日二回の安否確認ができます。

その他、新聞配達の販売店では「新聞が二日以上そのままになっていた時には電話をしてもらう」という対応をしてくれるところもありますし、セキュリティ会社が行っている「一定時間以上トイレに行かない場合は電話し、応答がない場合は訪問してくれる」「緊急ボタンを押せば応答し、返事がない場合は急行する」といった有料サービスを利用することもできます。

また、ＩＰ電話を使えば映像付きの電話で本人の様子をチェックできますし、電話に出なければ、カメラを遠隔操作して家の中を確認できるものもあります。同居しなくても、生活を見守り、急変や事故を早期発見できる方法はたくさんあるのです。

ただ、注意が必要なのは、見守りの安心強化は本人のプライバシーと相反するということです。どの程度まで行うのが良いかは、家族の心配だけでなく、本人の気持ちや希望もしっかり確認して対策を進めましょう。

②事故・急変リスク、体調不良時の対応

自宅内で転倒したり、脳梗塞や心筋梗塞で動けなくなっているのを訪問介護のヘルパーや配食サービスの配達員が発見した場合、救急車を呼ぶことになります。

脳梗塞や骨折で入院していた場合、同じ病院に搬送してもらった方が、カルテもあるためスムーズに進みます。ケアカンファレンスで「事故・急変時の対応」について、かかりつけ医や入院していた病院、担当医なども含め、情報を共有しておくのが良いでしょう。何度電話しても繋がらない場合には、近所の仲の良い人や、叔父・叔母に訪問してもらうなど、事前に対応策を決め、お願いしておくと安心です。

同様に想定しておく必要があるのが、体調不良への対応です。日々生活をしていれば、身体がだるい、お腹が痛いなど体調不良の日はでてきます。高齢者になると、季節の変わり目に風邪をひいたり、熱を出したりということも増えます。ただ、その時に、度々会社を休んで飛んで行くということはできません。

また、コロナウイルスの問題もあり、通所サービスなどは熱がある場合、利用を断られるところが多くなっています。その場合、代替の食事（配食サービス）などを手配してもらう、熱が下がらない場合、訪問介護の通院介助をお願いすることができるのか等、ケアカンファレンスの中で対応策を考えておきましょう。

また、第2章で述べたように、「明日病院につれていきたい」など、突発的、単発的な介護・介助に対しては、年間五日まで「介護休暇」の取得をすることもできます。介護休業が終わって仕事に復帰する時には、その可能性についても会社と話し合っておくと良いでしょう。

第4章

老人ホーム・高齢者住宅を選択する時の注意点

介護休業で、生活環境・介護環境を整えるもう一つの方法は、「老人ホーム・高齢者住宅への入居」です。中程度以上の認知症や重度要介護になると、一人で生活を維持することは難しくなります。また、加齢や病気によって要介護状態は重くなりますから、どこかで老人ホーム・高齢者住宅への入居を検討することになります。

この老人ホーム・高齢者住宅選びには、誤解や間違いがたくさんあります。ここでは民間の高齢者住宅の基礎知識と選び方のポイントについて整理します。

1　知っておきたい「間違いだらけの高齢者住宅・老人ホーム」

制度の違いではなく、商品・サービスを選ぶ

老人ホーム・高齢者住宅を検討するほぼすべての人がぶつかる壁が、「いくつも種類があってよくわからない」です。それはたくさん種類があるからでも、勉強不足だからでもありません。学校も、小学校、中学校、高校、大学、専門学校などいくつもありますが、「たくさんあってわからない」とは誰も言わないでしょう。高齢者住宅・老人ホームがわかりにくいのは、制度が重複・混乱し、それぞれの違いを説明できないからです。

	老人福祉施設 （特別養護老人ホーム）	高齢者住宅 （有料老人ホーム・サ高住）
運営主体	社会福祉法人・市町村等	株式会社等の一般法人が中心
目的	社会的弱者に対する福祉事業	営利を目的とした住宅事業
サービス内容	老人福祉法・介護保険法に規定 （全国ほぼ一律のサービス）	各ホームで自由に設計 （最低基準のみ）
価格	老人福祉・介護保険法に規定 低所得者に対する減額制度あり	各ホームで自由に設定
入居基準	行政指導による入居者基準あり 独居認知症など緊急性の高い高齢者優先	各ホームで自由に設定

図表４－１　特別養護老人ホームと民間の高齢者住宅の違い

ただ、そう難しく考える必要はありません。老人ホーム・高齢者住宅を選ぶ上で、制度として理解しておかなければならないポイントは、二つだけです。

一つは、老人福祉施設と高齢者住宅の違いです。現在の高齢者の住まいは、養護老人ホーム・特別養護老人ホームといった、福祉を基礎とした老人福祉施設と、有料老人ホームやサービス付き高齢者向け住宅（サ高住）といった営利を目的とした民間の高齢者住宅に分かれます。要介護高齢者を対象とした特別養護老人ホーム（特養ホーム）と、民間の高齢者住宅の違いを示したのが図表４－１です。

特養ホームは、全国ほぼ一律のサービス・価格・基準で運営されています。その整備・運営に高額の補助金が支出されていることもあり、食費や利用料含め、四人部屋を中心とした相部屋タイプのものは一ヶ月九万円、ユニット型と呼ばれる個室型でも一五万円程度で入所することができます。更に、収入・資産によって減額制度もあります。

低価格であることから入所希望者が殺到しているのですが、申し込めば誰でも入所できるわけではありません。原則として「要介護3～5」という重度要介護高齢者に限定されており、特に、介護虐待を受けている高齢者や独居の認知症高齢者など、緊急避難的な対応が必要な高齢者が優先されるようになっています。

ただ、その設置・運営に高額の補助金・社会保障費がかかること、民間の要介護向け高齢者住宅と役割が重複しその経営を圧迫していること、また、今後も希望者が激増することから、さらにその対象は厳しく限定されることになります。

これに対し、有料老人ホームやサービス付き高齢者向け住宅（サ高住）は、営利を目的とした民間の高齢者住宅です。サービス内容や価格、またどのような高齢者を入居させるのかも、それぞれの事業者で自由に決めることができます。

有料老人ホームとサ高住の制度の違い、基準の違いを説明することは可能ですが、それを理解しても高齢者住宅選びには何の役にも立ちません。所轄官庁が有料老人ホームは厚労省、サ高住は国交省というだけで、制度が分かれている理由は一つもありません。

また、ニュース等で報道されている通り、現在の高齢者住宅はトラブルが激増しています。それは介護経験も経営ノウハウもないまま「高齢者住宅は儲かる、介護は儲かる」と安易に参入してきた素人事業者がとても多いからです。

これは大手・中小を問いません。そのため、介護の不安から早く逃れたいあまり、「安心・快適」というセールストークに乗せられ慌てて決めてしまうと、確実に失敗します。

民間の高齢者住宅は、制度の違いではなく、サービス内容や価格を比較し、サービスの質を吟味して選ぶことが重要なのです。

「介護付」と「訪問介護付」はまったく違うもの

もう一つ、制度上理解しておかなければならないのは、介護保険適用の違いです。有料老人ホームは、「介護付」と「住宅型」に分かれています。これは介護保険の利用方法の違い、介護システムの違いによるものです。

介護付有料老人ホームは有料老人ホームの介護看護スタッフから直接介護サービスを受けるもので、特養ホームと同じイメージです。一方の住宅型有料老人ホームは、自宅にいる時と同じように、区分支給限度額を基礎として、外部の訪問介護や通所介護などから介護サービスを受けるものです。ほとんどのサ高住も住宅型と同じタイプです。

直接介助	**定期介助** 排泄、食事、入浴など、定期的・個別の介助	**臨時のケア** 排泄など体調変化で、臨時に必要となる介助	**隙間のケア** 車いす移動・移乗などごく短時間の介助
間接介助	**状態把握** 包括的・継続的な状況把握・様子観察	**見守り・声かけ** 食事中の見守り、注意喚起、声かけ	**定期巡回** 夜間など急変・事故発見のための見回り、巡回
随時緊急対応	**臨時対応** 随時の依頼スタッフコール対応	**緊急対応** 急変・事故発生時の初期対応、緊急対応	

図表４－２　要介護高齢者に必要な介助項目

「介護付ですから、介護が必要になっても安心です」

「住宅型ですが、訪問介護を併設しており、介護が必要になっても安心です」

そう言われるとどちらも同じようなものだと考えがちですが、「介護付」の介護と、「訪問介護」の介護は全く違います。

介護と言えば、「入浴介助」「排泄介助」をイメージしますが、それだけではありません。図表４－２で示したように、要介護高齢者が安全・快適に生活するために必要な介助項目は八種類あります。例えば、「お腹の調子が悪い」など日々の体調変化で排泄介助が何度も必要となることはあります（臨時のケア）。重度要介護状態になると、車いすの移乗や移動、また「ベッドから起こして」「テレビを

		一般の訪問介護	介護付有料老人ホーム
直接介助	定期介助	○ （介護時間が厳格） （基本1人20分以上）	○ （介護時間の定めなし） （1人で複数介助が可能）
	臨時のケア	△ （事前のケアプラン変更）	○
	隙間のケア	対象外（自費）	○
間接介助	状態把握	対象外（自費）	○
	見守り・声かけ	対象外（自費）	○
	定期巡回	対象外（自費）	○
緊急対応	随時対応	対象外（自費）	○
	緊急対応	対象外（自費）	○

図表4－3　「介護付」と「訪問介護付」の違い

点けて」といったごく短時間のケア（隙間のケア）の連続となります。

その他、日々の身体状況の把握、転倒や食事中の誤嚥などの見守り、夜間の定期巡回といった本人には直接触れない「間接介助」、更には入居者からのコール対応、急変時対応などの「随時緊急対応」も安全な生活を維持するために必要です。

しかし、介護付と訪問介護付では、その算定対象となる介護サービスが違います。

図表4－3のように、介護付有料老人ホームの場合、すべての介助項目が算定対象となります。一方の訪問介護の場合、間接介助や緊急対応、隙間のケアなどは対象外です。日々の体調変化で、臨時に排泄介助が必要な場合（臨時のケア）でも、事前にケアマネジャーに連絡をし

		介護内容	担当者	個別サービス
早朝	4：00	巡回	夜勤ケアワーカー	
	6：00			
午前		起床介助・ 排泄介助	早出ケアワーカー	
	8：00	朝食（食事介助）・ 服薬介助	早出・夜勤 ケアワーカー	食事摂取量・服薬 注意して確認
	10：00			
午後	12：00	昼食 （食事介助）	日勤ケアワーカー	促し、声かけを 中心に
		排泄介助	日勤ケアワーカー	
	14：00			
		入浴介助	日勤ケアワーカー	入浴後、 塗り薬有り
	16：00		看護スタッフ	皮膚の状態を看護 スタッフに確認
	18：00	夕食 （食事介助）	日勤ケアワーカー	促し、声かけを 中心に
夜		排泄介助	遅出ケアワーカー	
	20：00			
		就寝介助 （着替え口腔洗浄）	遅出ケアワーカー	
	22：00			
深夜				
	0：00	巡回	夜勤ケアワーカー	睡眠状態に注意
				Pトイレ・おむつ 交換を選択
	2：00	巡回	夜勤ケアワーカー	

図表4－4　介護付有料老人ホームのケアプラン例（日課計画表）

要介護3　介護付有料老人ホーム1ヶ月（30日）入居

特定施設入居者生活介護	671単位×30日＝20,130単位…①
個別機能訓練加算	12単位×30日＝360単位…②
医療機関連携加算	80単位…③
サービス提供体制加算（Ⅰ）イ	18単位×30日＝540単位…④
夜間看護体制加算	10単位×30日＝300単位…⑤
介護職員処遇改善加算Ⅱ	①〜⑤×61/1000＝1,306単位
介護職員等特定処遇改善加算Ⅱ	①〜⑤×12/1000＝257単位
	22,973単位

介護報酬	22,973単位×10円（地区単位）	＝229,730円
自己負担	**229,730円×10%**	**＝22,973円**
保険適応	229,730円×90%	＝206,757円

図表4－5　介護付有料老人ホーム　介護報酬・自己負担計算例

て、ケアプランの変更が行われなければ、介護報酬は支払われません。それは、介護保険適用の考え方が根本的に違うからです。

介護付有料老人ホームに適用される介護報酬（特定施設入居者生活介護）は、要介護度別に一日単位の報酬単価が決まっているだけで、個別のスタッフ、個別の介助時間がケアプランに示されているわけではありません。そのため、一人の介護スタッフが二人の要介護高齢者に食事の介助をしながら、周囲の入居者の声掛け、見守りを行っています。Aさんの「オムツ介助」が終わり、Bさんからのコールがあればその介助に向かう……という臨機応変の対応もできます。「腹痛で何度も排泄介助をしてもらった」という場合でも、介護報酬は変わりません。

これは看護師も同じです。介護付有料老人ホームでは、一人の看護師が入居者の間を回って、体温や血圧を測ったり、介護スタッフの要請で入居者の元へと駆け付けたりします。

一方の住宅型・サ高住の区分支給限度額方式は、自宅で介護を受けるのと同じで、Cさんに対して「訪問介護一〇時～一〇時半」という個別契約です（109ページ図表3-5参照）。また介護報酬の算定も、一ヶ月単位でケアプランが作成され、それぞれの入居者毎に「サービス内容・利用回数」を決めて、使った分だけが算定される「出来高算定方式」です。そのため、ケアプランで示されたCさんの食事介助時間中にDさんの介助をしたり、「コールが鳴った」からとEさんのところに向かったりはできません。それは訪問看護も同じです。ケアプランの週間行動計画表と違う介護をすると介護報酬の請求はできません。

臨時のケアは、ケアプラン変更により算定対象となりますが、「何度も便がでる」とコールをして、その都度オムツ交換をしてもらうと、区分支給限度額を超えてしまいます。この限度額超過分や「隙間のケア」「間接介助」「随時緊急対応」など対象外となるサービスはすべて自費です。

これは介護保険の基本です。介護付でも住宅型でも、介護保険を利用して介護サービスを受けられることは同じですが、その対象となる介助項目、実際に受けられる介護サービスは全く違うのです。

「自立～軽度向け住宅」と「中度～重度向け住宅」は違う商品

高齢者・家族向けの高齢者住宅セミナーで必ず出てくる質問が、「高齢者住宅に入るのは、介護が必要になってからが良いのか」「元気な時から入居するのが良いのか」です。

高齢者住宅業界の中でも、「早めの住み替えニーズ」という言葉が流行したことがあります。「一人暮らしで要介護状態が重くなる前に高齢者住宅に入る方が安心ですよ」「元気な時に入居して、住み慣れた環境で介護を受ける方が快適ですよ」そう説明を受けると、「そうだなぁ……」と納得する人も多いでしょう。

しかし、これも間違いです。自立度の高い要支援～軽度高齢者に適した高齢者住宅（軽度向け住宅）と中度～重度要介護高齢者に適した高齢者住宅（重度向け住宅）は、介護サービスや建物設備などの商品性が根本的に違うからです。

①介護システムの違い

要支援～軽度要介護の場合、移動や排泄など基本的なことは自分でできます。「入浴時の介助」「食事の準備」「通院の付き添い」など、一人でできないことだけ介助してもらうという「定期介助」が中心となります。区分支給限度額の住宅型やサ高住でも対応が可能です。

しかし、重度要介護になると、移動や移乗、排泄など、ほとんどすべての日常生活に介助が

	軽度要介護高齢者	重度要介護高齢者	認知症高齢者
直接介助	定期介助 臨時のケア 隙間のケア	**定期介助** **臨時のケア** **隙間のケア**	定期介助 臨時のケア 臨時のケア
間接介助	状態把握 見守り・声かけ 定期巡回	状態把握 見守り・声かけ 定期巡回	**状態把握** **見守り・声かけ** **定期巡回**
緊急対応	随時対応 緊急対応	**随時対応** 緊急対応	随時対応 緊急対応

図表4－6　区分支給限度額方式では重度要介護・認知症対応できない

必要になるため、「お腹の調子が悪いので何度も便がでる」「汗をかいたので身体を拭いて着替えたい」という臨時のケアや、「車いすに乗せてほしい」「テレビを点けてほしい」など、ごく短時間の隙間のケアが増加します。要介護4、5となると、スタッフに体調変化を伝えることもできない人が多くなるため、二四時間包括的な介助が必要です。

また、認知症高齢者は、排泄介助や食事介助は自立していても、「おしぼりを口にいれる」「急いでガツガツと食べて誤嚥・窒息」「うろうろとして他人の部屋に入る」などの他、想定できない行動が多くなるため、見守り、声掛けといった間接介助が中心になります。

ただ、これらの介助は、すべて区分支給限度額方式の訪問介護の対象外です。つまり、区分支給限度額方式の住宅型有料老人ホーム、サ高住では、重度要介護高齢者や認知症高齢者には対応できないのです。

それは一人で排泄が難しくなったり、認知症になると自宅で生活することが難しくなるのと同じ理由です。もしくは、対象外の介護サービス・限度額超過のサービスはすべて自費となるため、非常に高額な商品となるのです。

②建物設備設計の違い

軽度向け住宅と重度向け住宅は、「立地周辺環境」「住戸内設備」「共用部設備」など、建物設備の考え方も根本的に違います。

要支援～軽度要介護高齢者は、自分一人で近くに買い物に行くことができますから、駅や商業施設に近い場所が好まれます。また、独身者のワンルームマンションと同じように、住戸内には水洗トイレ、独立したキッチン・洗面、浴室、十分な収納も必要です。

一方、中度～重度要介護高齢者は、一人で外出することはできません。各住戸の中で調理・食事、入浴はしませんから、独立した住戸というよりも「トイレ付居室」というイメージが強くなります。水栓トイレと簡単な水回りがあれば十分です。ただトイレは、車いす移乗や排泄介助がしやすいように、一般のものよりも広いスペースが必要です。また、重度向け住宅は、寝たきりになっても安全に入浴できる特殊浴槽や介護スタッフが隣に座って介助できる広い食堂スペース、見守りがしやすいスタッフルームなど、共用設備の充実が求められます。

最も大きな違いは、各住戸と共用部の位置関係です。

軽度向け住宅は、各住戸内で日常生活を完結させるため独立性が強くなります。そのため、図表4-7のように各住戸フロア（プライベートスペース）と食堂フロア（パブリックスペース）が分離しているのが一般的です。要支援～軽度要介護高齢者は、移動・配膳・食事など基本的な生活行動は自立しています。「朝食七時～八時半」のように、決められた食事時間内にそれぞれの入居者が食堂に降りてきて、好きな場所に座り、食事が終われば自力で部屋に戻ります。

一方の重度向け住宅は、移動・配膳・食事・後片付け等、そのほとんどに介助が必要になるため、各住戸と食堂が同一フロアに位置しているのが鉄則です。

各住戸と食堂のフロアが分離している場合、最大の障壁になるのはエレベーターです。福祉エレベーターでも、一度の昇降で移動できるのは四台の車いすが限界です。六〇名定員で、一階が食堂、二階～五階に各一五人の要介護高齢者が生活している場合、各住戸から全入居者をエレベーターで食堂に降ろし、また食後に各住戸に戻ってもらう移動介助だけで、相当の時間と介護スタッフの数が必要になります。

また、六〇人が食事時間に一斉に集中すると、先に食事が終わってトイレに行きたくなっても、車いすで移動できるだけの広さがなければ、食堂から出ることができません。無理に出よ

要支援～軽度高齢者向け住宅

●住戸フロアと食堂フロアが分離

●移動・配膳・食事・後片付けなどに介助が不要

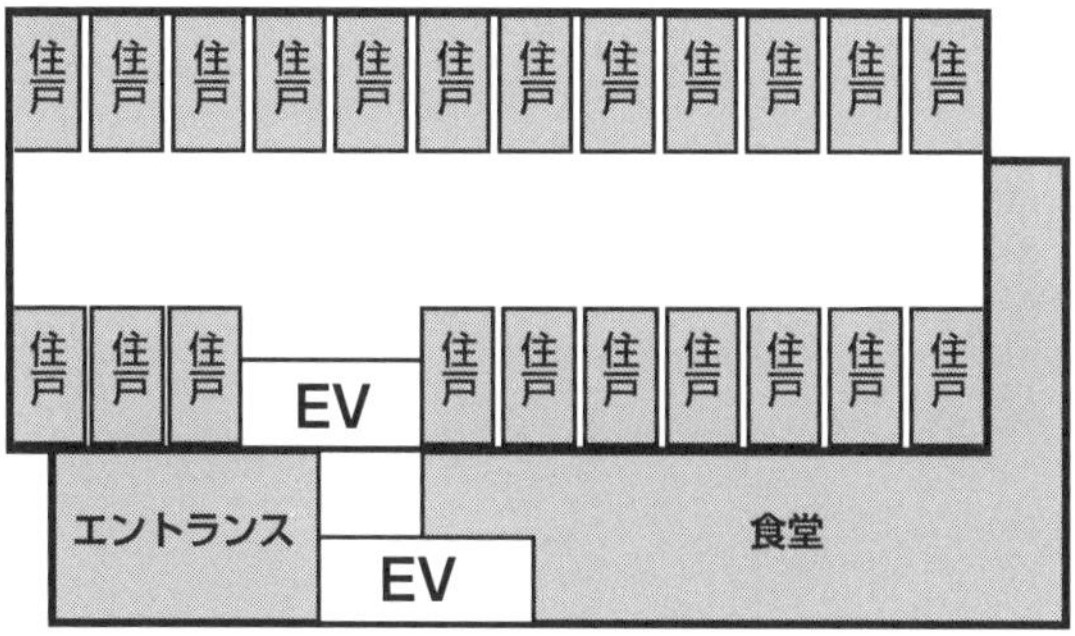

中度～重度要介護高齢者向け住宅

●食堂を住戸と同一フロアに設置

●移動・配膳・食事・後片けなどすべて介助が必要

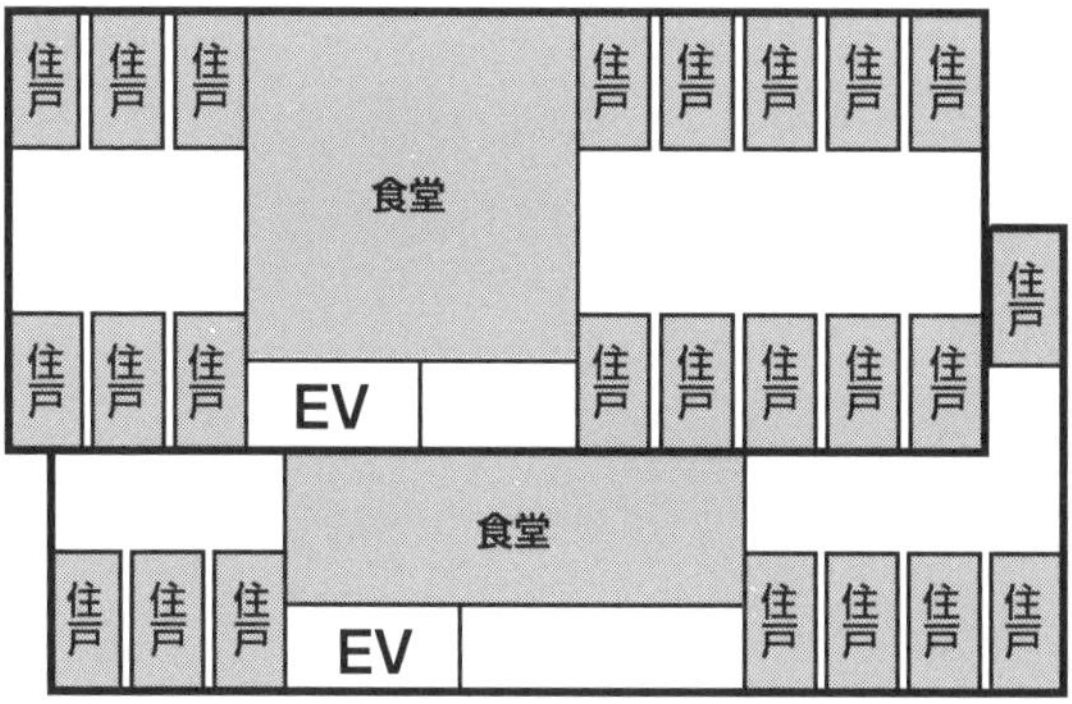

図表４－７　「要支援～軽度向け住宅」と「中度～重度向け住宅」の建物設備の違い

うとすると、他の入居者とのぶつかり事故や転倒事故が増えます。食堂内で失禁されると、臭いが充満して他の人が食事できなくなります。

これらは「早めの住み替えニーズ」の対応が難しいことを示しています。

高齢者の特徴は、加齢や疾病によって要介護状態が重度化していくことです。身体機能の低下だけでなく、認知症の高齢者も増えていきます。その結果、当初は「重度要介護高齢者が一割」であっても、数年経過すると三割・四割と増えていきます。建物設備が重度要介護高齢者対応になっていなければ、移動ばかりに介助の手間や時間がかかり、その他の必要な介護ができなくなるのです。

現在の老人福祉施設でも、自立向け（軽費老人ホーム）、軽度向け（養護老人ホーム）、重度向け（特養ホーム）に分かれています。障害者施設でも、知的障害、身体障害、精神障害などに分かれています。それは高齢者住宅も同じで、要支援、身体重度要介護、認知症重度要介護、すべてのニーズに対応できる商品（介護システム・建物設備）は設計できないのです。

高齢者住宅入居後の生活上のリスクを理解する

「高齢者住宅に入れば、自宅にいるよりも安心・快適」と漠然と考えている人が多いのですが、それは間違いです。高齢者住宅への入居を検討するにあたって大切なことは、生活上どのようなリスクがあるのか、実際にどのようなトラブルが起きているのかを知ることです。

①転倒・転落・誤嚥・窒息など生活上の事故

高齢者は視力や判断力、筋力や骨密度など身体機能が総合的に低下していきます。小さな段差でも転倒しやすく、上手く受け身がとれないため、大腿骨の骨折や頭部強打による脳出血など重大事故に発展するリスクが高くなります。

これは、自宅で生活していても、高齢者住宅に入居していても同じです。どれだけ手厚い介護体制をとっている介護付有料老人ホームでも、二四時間三六五日、付き添っているわけではありません。「入浴介助中に長時間目を離して溺死させた」「移乗介助中に車いすをぶつけて足指を骨折させた」など介護スタッフの介助ミス、過失が原因となるものもありますが、生活している以上、事業者の努力だけで転倒や誤嚥などの事故をゼロにすることはできません。

②他の入居者との人間関係の悪化

高齢者住宅は全室個室ですが、食事や入浴時等、他の入居者との関わりが大きくなります。車いすを押したり、一緒に散歩に出かけたり、ゲームを通じて新しい友人ができるなどプラスの面もありますが、同時にいじめやけんか、入居者に溶け込めず疎外感を感じるなど、人間関係のトラブルについても数多く報告されています。人間関係のトラブルは、要支援～軽度要介護の高齢者に多く、入居者同士の傷害事件、殺人事件も発生しています。

③感染症や食中毒の発生

高齢者は一般に免疫力が低下しているため、コロナやインフルエンザ等の感染症にかかりやすく、また重篤な状態になる可能性が高いのが特徴です。O－157やノロウイルスなどの食中毒も同じです。

自宅で生活している場合、それほど多くの人と接触するわけではありませんが、高齢者住宅では、病院や介護保険施設と同じように、たくさんの高齢者が集団で生活しています。また、多くの介護看護スタッフが働いていること、家族の来訪や関連業者の出入りなど感染経路が多岐にわたることから、感染症が発生・蔓延しやすい状況にあります。

④火災、地震・津波・浸水などの自然災害

高齢者住宅では、身体機能が低下した要介護高齢者が集まって生活しているため、スタッフの少ない夜間に火災が発生すれば、多くの人が逃げ遅れ、大惨事となります。近年、全国で大きな被害を及ぼす台風や地震が頻発し、様々な被害が発生しています。直接的な被害がなくても、地域全体で電気や水道などのインフラがストップすると、高齢者住宅での生活も不自由なものとなります。

高齢者住宅入居後のトラブルを理解する

もう一つ重要な視点は、入居後のトラブルです。述べたように、現在の高齢者住宅業界は、経営ノウハウがないまま「介護は儲かる」「高齢者住宅の需要は拡大する」と新規参入した事業者が多く、トラブルや苦情が多発しています。

①入居時の説明と実際のサービス内容が違う

「ごはんが美味しくない」「部屋の掃除が行き届いていない」といった、サービスの質・レベルに関する苦情から、「看護師が時間通り勤務していない」「決められたサービスが提供されていない」という、明らかに契約違反と思われるものまで、その内容は多岐に渡ります。介護スタッフによる入居者への暴行や暴言、殺人事件まで起きているのはご存知の通りです。

最近では、不必要な医療行為を強いられる、介護サービスを区分支給限度額いっぱいまで利用させられるといった、過剰サービス、押し売りサービスに対する苦情も増えています。

要介護高齢者や認知症高齢者は抵抗や反論ができないこと、いったん入居すると入居者・家族が弱い立場に立たされやすいことなどから、言いたいことが言えず、クレームが表面化しにくいという側面もあります。

②入居前に聞いた価格と実際にかかる費用が違う

高齢者住宅選びの基礎となるのは、「価格」です。

高齢者住宅は、月額費用一五万円程度のものから、四〇万円、五〇万円というものまで、入居一時金もゼロから数千万円~数億円という超高級老人ホームまでさまざまです。

ほとんどの人は、パンフレットなどを取り寄せ、「この程度なら入居できるだろう」「親父の年金と預貯金の範囲でいけそうだ」と月額費用を中心に高齢者住宅を絞り込みます。

しかし、実際に入居してみると、「聞いた金額と全く違う」「こんな高いとは知らなかった」というトラブルが多発しているのです。それは、パンフレットに表示されている月額費用が、一ヶ月の生活費ではないからです。

老人福祉施設とは違い、事業者毎に提供されるサービス内容は違いますから、表示してある月額費用にどこまでのサービスが含まれているかも、それぞれ違います。「月額費用一五万円」「地域最安値」と書いてあっても、食事代や介護保険の自己負担、紙オムツ等の費用、有料サービス等の請求書がそれぞれ別々に届き、合計請求額は二五万円を超えるというところもあ

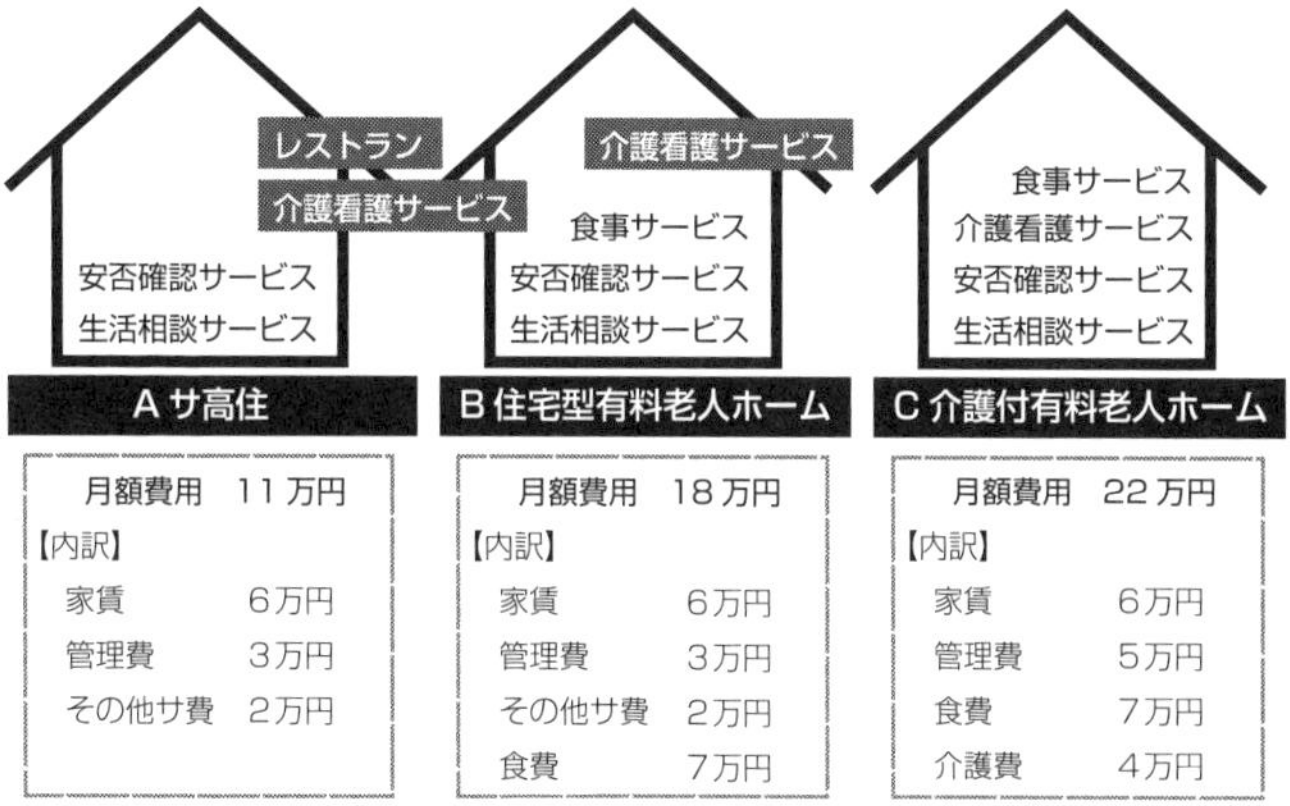

図表4－8　パンフレットの月額費用と生活費の違い

ります。

③事業者から途中退居を求められる

家族や入居者は高齢者住宅に入居すれば、そこで最期まで生活できると考えている人は少なくありません。しかし、認知症の周辺症状、喫煙などの禁止事項が守れない、他の入居者とのトラブル等で、高齢者住宅内で介護、看護を行うことが難しいと判断された場合、退居を求められることもあります。

また、病院に入院した後、病院からは早期に退院を求められ、高齢者住宅からは医療、看護体制が整わないからと再入居を断られるというケースもあります。それは高額の入居一時金を支払っていても同じです。

④経営悪化による値上げ・倒産

人件費高騰や入居率の低迷による収支の悪化で、月額費用の改定を検討する高齢者住宅が増えています。最近は経営者が変更となるM&Aや事業譲渡も増えており、経営改善のためにサービス費の大幅値上げや一時金が追加徴収されるといったケースもあります。

高齢者住宅入居における最大のリスクは、運営会社の倒産、高齢者住宅の閉鎖です。民間の高齢者住宅事業は営利事業です。会社が倒産すれば、食事・介護などのサービスが突然止まることになり、十分な説明もないまま「来週までに全員退居」と一方的に通告され、入居者、家族は大混乱に陥ることになります。

このように、高齢者住宅の生活上のリスクと入居後のトラブルを羅列すると、「高齢者住宅に入れば、自宅にいるよりも安心・快適」というのは幻想だということがわかるでしょう。

ただ、このリスクへの対応力、ノウハウは、事業者によって違います。

例えば、転倒事故をゼロにすることはできませんが、ケアマネジメントによって発生を予防したり、その被害（怪我）の拡大を小さくすることは可能です。

「安心・快適」「お任せください」と言われ、一週間後に転倒・骨折すれば、「きちんと介護してもらっていたのか？」「どこが安心・快適なんだ！」と疑心暗鬼になるのは当然のことです。一方、ケアカンファレンスの中で十分な説明をうけ、必要な介護や予防対策が行われていれば、事故が起こっても感情的になることはないでしょう。

最近、高齢者住宅の倒産のニュースが増えてきましたが、今後、介護スタッフ不足、入居者不足で現在運営中の高齢者住宅の半分以上が倒産するのではないかという人もいます。

よく調べないまま、慌てて素人事業者の高齢者住宅に入居すると、劣悪なサービス、事故トラブルの増加で悲惨な生活を強いられたり、高額な値上げ、サービスカット、更には突然の倒産で、「こんなはずではなかった」と頭を抱えることになるのです。

言い換えると、このリスクやトラブル対応力こそが高齢者住宅の質・ノウハウであり、そのレベルの高いプロの高齢者住宅を選ぶことが必要なのです。

2 高齢者住宅選びの基本は「素人事業者を選ばない」こと

紹介業者に依頼するのではなく自分で選ぶ

私たちがマンションなど住居用不動産を探すときは、仲介業者（宅建業者）を頼りにします。同様に、「高齢者住宅は種類やサービス内容が多様化していてよくわからない」「自分で探すのは大変だからプロの紹介業者に依頼する」という人も増えています。

しかし、これはお勧めできません。二つの理由があります。

一つは、不動産の仲介業と高齢者住宅の紹介業は根本的に違うものだからです。不動産取引（売買・賃貸借）の仲介には、宅地建物取引業法という法律があります。仲介業を行うためには、都道府県知事に申請し、免許を受けなければなりません。また、この免許を受けていても、取引不動産の内容を説明するのは「宅地建物取引士」という国家資格を持つ人に限られます。この資格は、合格率が一五～一六％程度という難易度の高いプロフェッショナルな資格であり、五年毎の更新時には研修を受けることも義務付けられています。

この仲介業者は、厳格な正確性・中立性を求められます。そのため仲介手数料は、家主・オーナー側も入居者側も、どちらも支払わなければなりません。この仲介手数料も、法的に上限が決められています。仲介業者が事実と違う事項を告げたり、必要な事項を説明しなかったりすると、資格停止・はく奪になる他、高額な損害賠償を求められることもあります。

これに対し、現在の老人ホーム紹介業には、法律も資格も免許もありません。法体系の規制がなく、介護の知識や経験が何もない人でもすぐに始められます。重要事項を説明しなかったり、その内容に虚偽や間違いがあっても、紹介業者は責任を取る必要はありません。入居希望者側は「相談料、紹介料無料」ですから、契約をしているわけではないからです。

一方、入居者を一人紹介・成約すると、成功報酬として高齢者住宅の事業者から数十万円、ときに数百万円と高額の紹介料が得られます。入居者や家族からの紹介や、地域のケアマネジャーから「あそこは良いところですよ」と言われるような高齢者住宅は、紹介業者を利用しなくても入居者は集まります。逆に入居者が集まっていないところは、高い紹介料を設定しています。

もちろん、独自に何度も足を運んで、事業者の調査や聞き取りをしている優良な紹介業者もあります。入居後も、「何か問題はありませんか？」「困ったことはありませんか？」と、紹介した高齢者や家族にアンケートを取っているところもあります。ただ、このような手間のかかることを行っている紹介業者はごく一部で、数えるほどしかありません。大手高齢者住宅事業者の子会社が、その正体を隠して行っている「紹介業者」もありますし、お金がないと見るや、違法で劣悪な無届施設を紹介するところもあります。

そもそも、高齢者住宅の紹介業は、高齢者住宅事業者の営業のアウトソーシングなのです。それを隠して「中立・家族の支援」を装っていることが問題なのです。

「家族が自分で選ぶべき」だと考えるもう一つの理由は、高齢者住宅選びは、その過程こそが重要だからです。高齢者住宅選びも、高齢者住宅での生活も、ほとんどの家族、高齢者は初めての経験です。何もわからないところからスタートします。それが当然です。

要介護状態を考えれば、認知症グループホームが適している人もいるでしょうし、特養ホームの早期入所対象になるかもしれません。老健施設に入ってリハビリを行うのが良い人もいるでしょう。ただ、紹介業者は、「特養ホームが良いのでは」「グループホームが良いのでは」という話はしません。当然ですが、自分の契約している高齢者住宅しか紹介できません。それは相談員ではなく営業マンだからです。

また紹介業者に頼み、「あなたの希望ならここが良いですよ」と紹介されて入居を決めてしまうと、他の事業者との比較ができませんし、生活上のリスクやトラブルも十分に理解しないまま入居することになります。

述べたように、高齢者住宅業界はまだ新しい業界であり、玉石混淆です。厳しい見方をすれば、〝玉〟よりも〝石〟の素人事業者が多い業界です。だからこそ、「高齢者住宅選び」という過程の中で、しっかりとその事業特性やリスクについて勉強し、できるだけたくさんの高齢者住宅の資料を取り寄せ、見学し、信頼できる事業者を納得して選ばなければならないのです。

高齢者住宅選びは、「良い高齢者住宅を選ぶ」ということだけでなく、家族が高齢者住宅を知るための大切なプロセスです。大切な親の終の棲家を選ぶのですから、「高齢者住宅での生活」を理解し、相談員やホーム長などの管理者とじっくり話をして、その人となりを見極め、信頼関係を構築しなければならないのです。

「介護休業を取得して、気持ちと時間の余裕をもつ」「親の介護生活環境を整える」とはそういうことなのです。一〇〇％の希望を満たす高齢者住宅は見つからないかもしれません。ただそうして納得して選んだ高齢者住宅は、「こんなはずではなかった」と後悔することはないはずです。

高齢者住宅は家族の住んでいる近くに探すこと

現在の家族形態の特徴は、「核家族化」と「遠距離化」です。そのため、「住み慣れた地元で探すのか」「子供のいる場所に越してくるのか」いう問題が出てきます。

住み慣れた地域だと、「私は隣町の〇〇ですよ」「そうですか。妹の嫁ぎ先があって……」と会話がはずみます。しかし、遠く離れてしまえば、共通の話題が減りますし、言葉や方言も変わりますから、上手く他の人の会話に溶け込むことができません。

食べ物の味も変わります。同じ大都市でも、関西圏の大阪と関東圏の東京、中部圏の名古屋では違います。歳をとってから味噌や醤油の味が変わるというのは、なかなか大変なことです。

それでも、プロの目から見れば、高齢者住宅は「家族の近く」が望ましいと考えています。

それは、要介護状態になってからの居住環境の変化は、認知症の発症原因になるほどの大きなストレスだからです。それを軽減できるのは家族しかいないのです。

遠く離れてしまうと、月に一度の訪問にも、それだけ費用と時間がかかります。それが毎月となり、いつまで続くかわからないということになれば、金銭的にも精神的にも大変です。だからといって、三ヶ月、半年と誰も家族が訪問しないのはさみしいものです。

また、距離が離れてしまうと、「日々のことはすべて高齢者住宅にお任せ」になってしまいがちです。サービスの不満や不安を聞かされても、そう簡単に転居できませんから、親を無理に説得して、後ろ髪をひかれるような思いで帰路につくことになります。

高齢者住宅に入居しても「転倒・骨折」「急変で入院」という事態は発生しますから、その度に会社を休んで、実家に戻らなければなりません。

子供の家や職場に近い高齢者住宅であれば、仕事帰りや買い物帰りなど、ちょっとした時間に会いに行くことができます。いつも長居をする必要はなく、「変わりない？」「コーヒー買ってきた」と、一〇分、一五分くらいで良いのです。時間があるときは、ご近所さん（他の入居者）やスタッフと話をしたり、介助しながら一緒にご飯を食べることもできます。一緒にテレビをみたり、ゲームをしたり、洗濯物をたたむのを手伝うと、とても喜ばれます。

味付けが口に合わないのであれば、事業者に対応を相談することもできますし、個別対応が難しいようであれば、本人の好きな副菜やお漬物などを家族が持っていけばよいのです。

高齢者住宅に入居するというのは、従来のような「家族は介護ができないので老人ホームに頼る」というイメージではなく、「親が近くのアパートに引っ越してきた、そこには介護や食事など様々な機能がついていた」ということなのです。

日々の介護は、プロの高齢者住宅に任せればよいのですが、精神的なサポート、不安の解消は、家族にしかできないのです。

素人事業者を見分けることは簡単

「良い老人ホームの特徴を教えてほしい」という質問は多いのですが、それは難しい質問です。食事も豪華で美味しく、介護体制も手厚く、夜間でも看護師がいて、部屋も広くて豪華。「入居一時金五〇〇〇万円、月額費用四〇万円」というところを紹介しても、ほとんどの人は手が届かないでしょう。

軽度向け住宅と重度向け住宅ではサービス・機能が違いますし、同じ重度向け住宅でも、身体機能低下と認知症では変わってきます。「要介護3で身体機能低下」といっても、七八歳で入居するのと九三歳で入居するのでは、余命を想定すると使えるお金は変わってきます。「良い老人ホーム」「何を重視して選ぶのか」は、一人ひとり違います。

高齢者住宅選びの基本は、「良い老人ホームを選ぶこと」ではなく、プロの事業者と素人事業者を見分けること、つまり「素人事業者を選ばないこと」です。

それは、そう難しいことではありません。素人事業者、悪徳事業者にはいくつかの特徴があるからです。

①対象者の範囲が広すぎる

述べたように、軽度向け住宅と重度向け住宅は、介護システムも建物設備設計も基本的に違います。「元気な時に入って、介護が必要になっても安心」「早めに住み替えた方が安心」とセールスするところがありますが、それは高齢者住宅の事業特性がわかっていないからです。「重度要介護高齢者も生活している」といっても、その人が安全・快適な環境にあるとは限りません。「毎朝三時半に起こされ、食堂で何時間も放置」「認知症高齢者が車いすに乗せられ、暗い食堂でひとり大声を出している」というところもあります。

また、要介護高齢者といっても、身体機能低下と認知症では介護方法は変わります。認知症高齢者への対応には、専門的な知識・技術を持つ介護スタッフが必要です。その体制が確保されていなければ、大声や徘徊、暴言、暴行など周辺症状が悪化し、他の入居者の生活や生命にも影響します。そうなれば退居を求められます。

同様に、看取り介護、ターミナルケアも、そう簡単なものではありません。

高齢者住宅の医療看護体制は病院とは違いますから、終末期に高齢者住宅内で入居者が亡くなるというのは、介護スタッフにとっても大きな負担です。また、医療行為には、家族ができても、介護スタッフにはできないこと、やってはいけないことがたくさんあります。知らないで手を出すと、「医療法」「看護師法」に違反し、刑事罰や損害賠償請求の対象となります。

きめ細かく様々な可能性・リスクを想定し、何ができるのか、何ができないのか、どんな時には救急車を呼ぶのか、病院に搬送するのか等々について家族と丁寧に話し合いを重ね、後日トラブルにならないよう、それを書類にしなければなりません。

しかし、「二四時間医療対応」と大きく書いてあっても、話を聞くと救急車を呼ぶだけだったり、「看取り対応経験あり」と謳っていても、突然死のケースだったり、中には「看取りケアのポイントは、急変しても病院に搬送しないこと」など、常識的に考えられないようなことを平気で言う経営者もいます。それは「看取りケアは何もしないこと」と言っているのと同じです。

「認知症対応」「看取り対応」と説明・セールスして入居者を集めると、事業者にもリスクや責任が生じます。それはすべて介護看護スタッフの肩に圧し掛かります。「何でもOK」というのは、実務的なノウハウやそれに伴うリスク、介護現場の苦悩を知らないから言えるのです。

プロの事業者は、「看取りとは何か」「どのようなケースに対応できるのか、できないのか」、また「認知症ケアとは何か」「どのようなケースには対応できないのか」について、様々なケースを挙げて丁寧に説明してくれます。

②月額費用・生活費の説明が雑

高齢者住宅選びの基礎となるのは価格です。ただ、述べたように事業者によって月額費用に含まれるサービスの範囲が違うことや、高齢者住宅に支払う月額費用と月額生活費には開きがあることから、苦情やトラブルが発生しやすい事項でもあります。

プロの事業者は、誤解によるトラブルを防ぐため、月額費用に含まれるサービス、含まれないサービスに分けて、時間をかけてわかりやすく説明を行います。紙オムツ代、医療費などを含めた、「月額生活費見積表」を作ってくれるところもありますし、入居一時金も入居期間に合わせて、返還される金額を一覧にして示してくれます。その他、入院時や外泊時に減額される費用、されない費用についても丁寧に説明してくれます。

一方で、「月額費用　地域最安値」というイメージだけで、その他の生活費や追加費用についてほとんど説明しないところもあります。入居後に「聞いた話と違う」と苦情を言うと、「契約書には書いてあります」という態度です。このような事業者は、入居後に「転倒・骨折」など事故やトラブルが発生した時も、改竄したり隠蔽したりする可能性の高い事業者です。初めから契約内容について開示したり、不都合なことは説明する気がないのです。

月額費用や入居一時金の説明からは、単純に「高い・安い」だけではなく、その事業者がプロか素人か、更にはその事業者の資質や信頼性、サービスの質までも見えてきます。

③入居・契約を急かす事業者

介護休業をしている場合、期間は決まっていますから、「なるべく早く入居させたい」「できるだけ早く仕事に復帰したい」という気持ちが強くなります。「今ならすぐに入居できますよ」と言われると、それはありがたいと飛びつきたくなる気持ちはわかります。中には、「見学した日の数日後」「申し込んだ日の翌日」に入居できるというところもあります。

しかし、この「すぐに入居できる」という事業者は非常に危険です。

プロの高齢者住宅事業者は、サービス内容や価格だけでなく、入居後のトラブルやリスクに関する説明を丁寧に行います。それは入居者・家族のためというよりも、「事業者の提供するサービス・責任の範囲」について十分に理解してもらわなければ、事業者が困るからです。

また、要介護高齢者の場合、入居後すぐに生活できるようにケアプランを作成しなければなりません。そのためには、高齢者本人との面談やアセスメントが必要ですし、認知症や医療依存度が高い場合は、受け入れができるかどうかの「入居判定」も行わなければなりません。入居契約だけでなく、介護サービスの契約を締結するには、介護・看護・管理栄養士など各ス

入居相談：サービス、価格・費用、リスク等の説明
申込受付：入居申込み

①インテーク（状況把握）
身体状況、認知機能の評価、生活上の不安、希望の聞き取り

入居準備：入所・入居判定・入居条件確認

②アセスメント（課題分析）
受け入れ時アセスメント（状況把握・課題分析）の実施

③ケアプラン原案の策定
目標設定、目標達成のための介護サービスの調整

④ケアカンファレンス
本人、家族、各スタッフ、ケアマネジャーが集まって会議

入居契約：入所契約、ケアプラン最終確認・入居日決定
入居受入：ケアプラン確認・注意事項説明

⑤モニタリングの実施
ケアプランの効果測定、課題見直し、身体状況変化の確認

⑥ケアプラン見直し
モニタリング・アセスメントを基礎としたケアプラン見直し

⑦再ケアカンファレンス
本人、家族、各スタッフ、ケアマネジャーが集まって会議

図表4－9　高齢者住宅入居とケアマネジメントの流れ

タッフを交えたケアカンファレンスも開催しなければなりません。「どのような入居者なのか」「どのような点に注意してサービスを提供するのか」「転倒やトラブルなど想定されるリスクは何か」が分からないまま、突然入居されると、介護現場は混乱します。

通常、申し込みをしてから入居まで一ヶ月程度は必要です。「介護休業の期限があるので……」と急いでもらうように依頼しても、二〜三週間程度は必ずかかるのです。

「すぐに入居できますよ」「細かいことは入居後に追々……」と言う事業者は、入居者が集まっておらず、経営が不安定だからです。「申込がたくさんありますが、今なら」と言われて急いで契約し入居してみると、「部屋の半数以上が空いている」というケースがほとんどです。

プロの事業者は絶対に使わない「NGワード」

「入居者さま、ご家族さまの笑顔が、私たちの誇りです」

「私たちの敬愛する本当のおじいさん、おばあさんのように」

介護経営者の中には、聞いている方が赤面するような美辞麗句を重ねる人がいますが、プロの事業者はそんなことは言いません。優秀な医師や看護師がそんな言葉を使わないのと同じです。

高齢者住宅のセールストークでよく耳にするけれど、プロの事業者は絶対に使わない「NG

ワード」があります。

①「安心・快適」「多分・恐らく」「スタッフが全力で」

高齢者住宅は身体機能の低下した高齢者を対象としているのですから、転倒骨折、誤嚥窒息などのリスクが高く、安易に「安心・快適」を標榜できるような事業ではありません。家族が漠然と持っている「高齢者住宅に入れば自宅よりも安全・安心」というイメージや、転倒・誤嚥など生活上発生する事故に対するサービス提供責任の認識の違いが、プロの高齢者住宅事業者にとっては大きな経営上のリスクなのです。

「多分・恐らく」「スタッフが全力で」という曖昧な説明も同様です。サービス内容や入居後のリスクやトラブルに対する理解や経験が乏しいため、曖昧な説明になるのです。

プロの事業者が説明するのは、「安心・快適」ではなく、「リスク・トラブル」です。発生する事故や予防策の限界、喫煙場所の制限や生活上の禁止事項など、様々な実例・事例を挙げて、入居後の生活上のリスク、対応策やその限界、事業者から途中退居を求めるケースや可能性等について細かく丁寧に説明してくれます。

②「同じような方もたくさんおられます」

高齢者住宅に入居する場合、「他の入居者と上手くやっていけるか」「母は引っ込み思案だから、父は頑固なところがあるから」と本人、家族ともに様々な不安が生じます。

不安や心配を相談した時に、「同じようなタイプの方もおられますよ」「それは大した問題ではありません」と説明されると、「プロなので、色々なケースをよくご存じなのだな」「父と同じような人はたくさんいるんだな」と安心するかもしれません。

しかし、このようなラベリング（人格や環境の決めつけ）や、カテゴライズ（同種の問題をまとめて分類し、一律の対応をしようとすること）は、経験豊富のふりをする素人事業者の特徴です。

高齢者介護や生活支援は「個別化」が大原則です。プロの事業者は「よくあるケース」「他の人も同じ」といったフレーズは絶対に使いません。「引っ込み思案」は単なる性格のものか、うつ病や認知症などの可能性があるのかによって違います。「頑固」も様々で、思い込みが激しく、気に入らないと攻撃的になる人もいます。

そのため、プロの事業者は、「どんなことがあったのか」「どんな時にそう感じるのか」という症状や内容について質問を重ねます。その上で必要な対応をケアマネジメントの中で検討します。そうでないと受け入れの可否の判断や準備ができないからです。

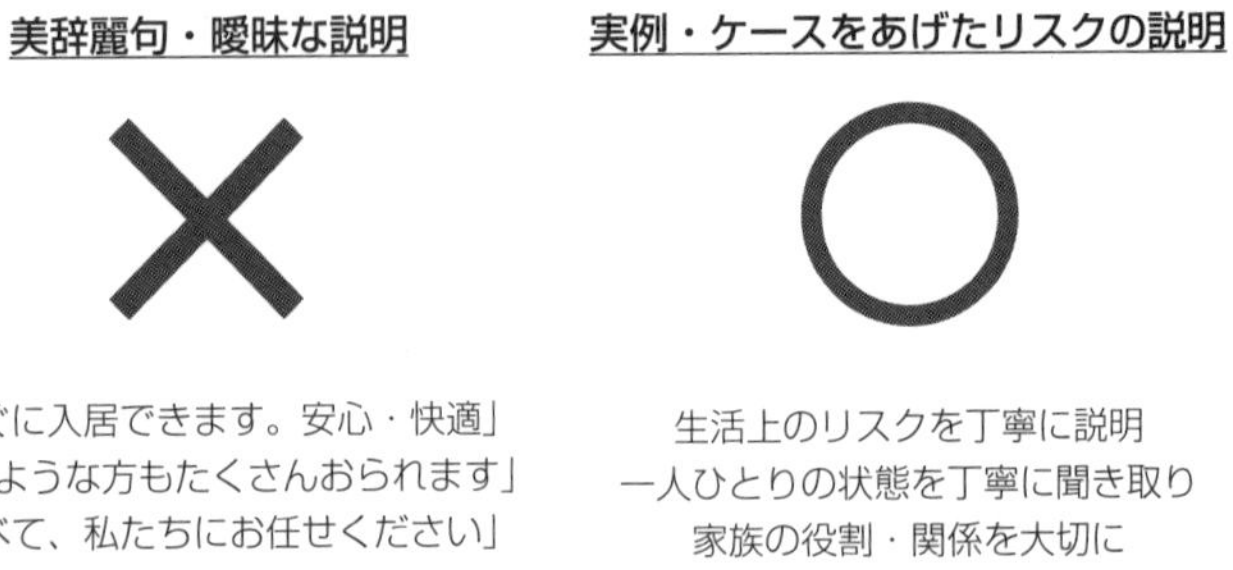

美辞麗句・曖昧な説明
×
「すぐに入居できます。安心・快適」
「同じような方もたくさんおられます」
「すべて、私たちにお任せください」
実例・ケースをあげたリスクの説明
○
生活上のリスクを丁寧に説明
一人ひとりの状態を丁寧に聞き取り
家族の役割・関係を大切に

図表4－10　プロと素人事業者の違いは「説明力」に表れる

③「私たちにお任せください」「ご家族の代わりに」

これもよく聞くフレーズです。高齢者住宅を探している家族は、「突然の介護」に困惑し、「自宅で介護できない」「特養ホームにも入れない」と焦りや不安が大きくなっています。「私たちにお任せください」と言われると、「介護はプロにお任せしよう、これで安心だ」という気持ちになるでしょう。

しかし、高齢者住宅は、「家族介護の代行サービス」ではありません。高齢者住宅で高齢者が精神的に安定し、安心して生活するためには、家族の精神的なサポートは不可欠です。認知症や重度要介護状態になれば、本人の意思が確認できなくなるため、ケアプランをどうするか、医療や終末期をどうするのかを家族に相談しなければなりません。

また、高齢者住宅に入居直後は寂しさを訴える人もいるため、「できるだけ来てあげてください」「来訪が難しければお電話いただけませんか」という依頼をすることもあります。

プロの高齢者住宅の特徴の一つは、「家族との関係を大切にする」ということです。プロの事業者は「家族は、苦情や意見を事業者に言いにくい」ことを知っています。「心配や不安、困ったことは何でもスタッフに言ってください」と言われても、バタバタと仕事をしているスタッフを捕まえて相談することなどできません。お世話になっているという意識が強く、苦情や不満を伝えることもはばかられます。

そのため、ケアカンファレンスだけでなく、入居から一ヶ月後、半年ごとに定期的に、ホーム長など管理者と家族との個別面談の機会を設けています。それは、サービス向上のためだけでなく、小さな不満や誤解が鬱積すると、どこかで爆発するということを知っているからです。

介護スタッフが家族の代わりになどなれるはずがありませんし、それは高齢者住宅の仕事でもありません。要介護状態になっても、安心して安全に生活できるだけの環境を、家族と高齢者住宅がお互いに協力し合い、一体となって整えていくのです。

プロの事業者は、「お任せください。ご家族の代わりに」という歯の浮くようなセリフを絶対に使いません。逆に、家族から「すべてお任せします」と言われると一番困るのです。

ここまで素人事業者の特徴について述べてきました。

高齢者住宅事業は、「売れば終わり」ではなく、入居後にサービスがスタートします。高齢者住宅を安定して経営していくには、家族との協力が不可欠であり、入居者だけでなく、家族とも良好な関係を築く必要があるのです。

どの産業、業界でも同じことが言えますが、プロの経営者・事業者と素人経営者・事業者の違いは、「事業を不安定にするリスクを理解しているか」「リスク・トラブルの予防・対応のノウハウがあるか」で決まります。それは、「大手・中小」「高額・低価格」は関係ありません。「プロの事業者」と「素人事業者」の見分ける最大のポイントは、「トラブル・リスクへの対応力」であり、それは説明力に表れてくるのです。

低価格「囲い込み高齢者住宅」には要注意

もう一つ、現在、高齢者住宅業界で大きな問題になっているのが「囲い込み」です。

区分支給限度額方式の住宅型有料老人ホームやサ高住は、臨時のケアや隙間のケアに対応できないため、重度要介護高齢者や認知症高齢者は生活できません。ただ、そう言い切ってしまうと、

「サ高住や住宅型でも重度要介護・認知症高齢者をたくさん受け入れているじゃないか」

「実際に、サ高住や住宅型に多くの重度要介護高齢者が生活しているじゃないか」

と思うでしょう。

また、その特徴は介護付有料老人ホームと比較して格段に安いということです。介護付では

月額費用二五万円程度なのに対し、住宅型やサ高住は、住居費・食費・介護保険の一割負担を含めても一五万円程度のところもたくさんあります。

なぜ、サ高住や住宅型は安くできるのか、なぜ重度要介護高齢者を積極的に受け入れるのか。その背景にあるのが「囲い込み」と呼ばれる不正です。それは、家賃や食費などを低価格に抑えて入居者を集め、「私たちにすべてお任せください」と囲い込んで、系列の訪問介護や通所介護、またはテナントの診療所で介護や医療を強制的に利用させることで利益を上げるという手法です。

なぜこのような手法が横行するのかと言えば、介護付有料老人ホームに適用される「特定施設入居者生活介護」と、サ高住や住宅型有料老人ホームに適用される「区分支給限度額方式」には、事業者が受け取れる介護報酬に大きな差があるからです。

図表4-11を見ればわかるように、その差は要介護度が重くなるほど大きくなり、月額一人当たり、要介護3では八万円、要介護5では一三万円以上の差となります。

もちろん、これには理由があります。そもそも区分支給限度額方式は、一軒一軒離れた自宅に訪問することを前提にした報酬体系です。手待ち時間や移動時間などの非効率性を加味して高く設定されています。一方の特定施設入居者生活介護は、高齢者住宅専用の報酬ですから、待ち時間や移動時間がないことや、臨機応変に介護できることなど、その効率性を加味して低

特定施設入居者生活介護	・指定を受けた高齢者住宅が、介護スタッフを雇用 ・すべての入居者（要介護）に介護サービスを提供
区分支給限度額方式	・高齢者住宅が提供するのは住居・食事等のみ ・介護サービスは入居者が個別に訪問介護等と契約

要介護度	要介護1	要介護2	要介護3	要介護4	要介護5
特定施設入居者生活介護（30日）	16,080単位	18,060単位	20,130単位	22,050単位	24,120単位
区分支給限度額（1カ月）（別途居宅介護支援費）	16,765単位（1,057単位）	19,705単位（1,057単位）	27,048単位（1,373単位）	30,938単位（1,373単位）	36,217単位（1,373単位）
差額（居宅介護支援費含む）	**685単位（1,742単位）**	**1,645単位（2,702単位）**	**6,918単位（8,291単位）**	**8,888単位（10,261単位）**	**12,097単位（13,470単位）**

図表4－11　特定施設入居者生活介護と区分支給限度額方式の差

く抑えられています。

この二つの報酬体系制度のスキを突いて、「高齢者住宅も一軒一軒自宅だから」と、系列の訪問介護や通所介護で限度額一杯まで利用させることで「月額費用は安いけれど、事業者の収入は多い」というビジネスモデルを構築しているのです。

もちろん、「系列のサービスを利用してはいけない」「限度額一杯まで利用すること」が不正なのではありません。しかし、この「囲い込み」には介護保険制度の根幹を揺るがす三つの重大な不正が行われています。

一つ目は「認定調査の不正」です。

要介護度が重くなればなるほど多くの介護報酬が得られるため、ケアマネジャーや介護スタッフ、かかりつけ医が結託して、実態よりも重く要介護認定が行われるように訪問調査や意見書を改竄していています。自宅では要支援2だったのに、高齢者住宅に入ると要介護2、要介護3と一気に、二段階、三段階重くなります。

二つ目は、「ケアマネジメントに対する不正」です。

述べたように、介護保険の各種サービスは、アセスメント（課題分析）をもとに、それぞれの高齢者の要介護状態や生活上のリスク、希望に合わせて、多様なサービスを組み合わせて利用するというのが基本です。しかし、囲い込みの場合は、ほぼすべて併設の訪問介護、通所介護を区分支給限度額一杯まで強制的に利用させられることになります。

「訪問看護が必要なのに、併設の訪問介護しか利用できず、褥瘡《じょくそう》が悪化」「自分の部屋にいたいのに、毎日強制的にデイサービスに行かされる」といった、本人の生活や生命に関わる不正も行われています。

三つ目は、「介護報酬の不正請求」です。

109ページで述べたように、訪問介護は、ケアプランに「Aさん　排泄介助　一〇時～一〇時半」「Bさん　入浴介助　一〇時半～一一時一〇分」と示されている時間、サービス内容を遵守して行うマンツーマン介護が基本です。それを行わなかった場合、介護報酬は請求できません。

しかし、「囲い込み高齢者住宅」では、高齢者住宅と同一法人・関連法人のケアマネジャーと介護サービス事業者が結託し、プラン通りにサービスが行われていないにもかかわらず、サービス実施記録を改竄・偽装し、報酬請求が行われているのです。

この囲い込みは、介護保険だけでなく医療保険にも拡大しており、家にいるときは糖尿病の内科だけだったのに、高齢者住宅に入ると、内科や精神科、眼科、歯科、整形外科など複数の診療科の受診を一律に強制されるという問題も出てきています。自己負担は介護付よりも五万円安いけれど、そのために、毎月五〇万円以上の不必要な医療介護費が押し売り利用させられているという構図です。今でも、この囲い込み高齢者住宅による医療介護費用の不正流用は数兆円に上るとされています。

加えて、問題はお金だけではありません。ケアマネジメントに基づく適切なアセスメント、生活上のリスク検討、目標設定が行われないため、要介護状態は悪化し、事故やトラブルも増加します。また、「自分たちが行っているサービスが不正かどうか」「入居者の要介護状態に合わせた介護を行っているか否か」ということは、働いているケアマネジャーや介護スタッフが一番よく知っています。故意の不正だとわかって行っている事業者、スタッフに質の高いサービスを求めることはできません。

この囲い込みは制度矛盾のグレーゾーンではなく、詐欺に近い不正です。

「囲い込み」不正問題

・「介護認定調査」に対する不正……実態よりも要介護度を重くする
・「ケアマネジメント」に対する不正……系列・併設のサービスを強要
・「介護報酬請求」に対する不正……していない介護報酬を請求

図表4－12　介護保険の根幹にかかわる「囲い込み」の三つの不正

介護医療費が増加し、社会保障財政が悪化している中で、このようなビジネスモデルが続けられるはずがありません。そのため、今後は指導や監査の強化によって、事業の継続は困難になるはずです。

高齢者住宅は、入居一時金や月額費用が高額だからといって、優良なサービス・手厚いサービスが提供されるわけではありません。ただ、福祉事業や慈善事業ではありませんから、過度な低価格路線の高齢者住宅は、その背景や理由があることを十分に理解しなければなりません。

「百聞は一見に如かず」は大失敗のもと

高齢者住宅選びで多くの人が失敗するのは、「百聞は一見に如かず」と高齢者住宅の見学からスタートしてしまうことです。

ほとんどの家族にとって高齢者住宅選びは、初めての経験です。「どのような商品なのか」「どのようなサービスなのか」「どのようなリスク・トラブルがあるのか」「どんな点をチェックすれば良いのか」「何を聞けばよいのか」など、何一つわからないまま、飛び込むことになります。「とりあえず見学からスタート」というのは、「小学校、中学校、高校」「経済学部、文学部、理工学部」の違いも知らずに、「とりあえず近くの学校を見に行こう」と言っているのと同じです。

また、述べたように、高齢者住宅はプロの事業者と素人事業者に二極化しています。そして素人事業者ほど、「なんでも安心・快適」「認知症や重度要介護になってもＯＫ」「私たちにお任せください」と、家族が喜ぶような言葉を胸を張って言ってきます。それを聞いて家族は「よかった、良いところが見つかった」「新しくてきれいだし、担当者の人もいい人そう」と契約してしまうのです。

もちろん、見学は重要です。ただ、それには事前準備が必要です。ここで書いた民間の高齢者住宅の基礎知識と選び方のポイントは、あくまで失敗ケース、誤解の多いポイントだけです。高齢者住宅の選び方に関する本がたくさんでていますから、一冊、二冊は必ず目を通しておきましょう。

高齢者住宅選びで最も重要な資料は、「重要事項説明書」です。

一般の不動産と同じように、高齢者の住居となる有料老人ホーム・サ高住でも、各事業所で重要事項説明書の作成、開示が義務付けられています。ホームページで開示しているところもありますし、都道府県によってはすべての高齢者住宅の重要事項説明書がダウンロードできる専用ページを作っているところもあります。それがなければ、個別に電話をして送ってもらい

事前準備

◆高齢者住宅の基本的な知識を得る
（商品の見方、入居後のリスク・トラブルの理解）

◆要介護状態、収入・資産などの状況確認
（支払可能額・家族からの支援検討）

↓

情報収集

◆契約書・重要事項説明書など検討に必要な資料の収集
（地域・価格を基本に５つ以上の事業者の資料収集）

◆サービス内容・経営状態などを横断的に比較検討
（実際に見学をする３つ程度の事業者に絞り込み）

↓

見学・質問

◆複数の高齢者住宅を見学し、相談・質問を行う
（見学は他の入居者の迷惑にならないように）

◆気に入ったところは二度・三度と見学し絞り込み
（最初は家族だけ、二度目は親と一緒にもう一度）

↓

高齢者住宅の申し込み・契約・入居準備へ

図表４－13　「失敗しない」高齢者住宅選びの３つのステップ

ましょう。「見学時にお渡ししている」と応える事業者がありますが、「事前に複数の事業者を比較したいので」「見学時に質問することをまとめておきたいので」と理由を告げて依頼します。それでもノーであれば、その高齢者住宅は対象外です。

　この重要事項説明書は、様式が統一されているため、複数の高齢者住宅の事業内容・サービス内容を横断的に比較・検討することができます。

　例えば、介護付有料老人ホームの重要事項説明書には、「介護看護スタッフ数」「夜勤スタッフ数」「管理者の資格・専従か否か」「介護スタッフの有資格者数の割合」「前年度のスタッフの採用者数・

A老人ホーム　従業者の職種別・勤続年数別人数（本事業所における勤続年数）

職種／勤続年数	看護職員		介護職員		生活相談員		機能訓練指導員		計画作成担当者	
	常勤	非常勤	常勤	非常勤	常勤	非常勤	常勤	非常勤	常勤	非常勤
1年未満			3							
1年以上3年未満		1	5	2						
3年以上5年未満	1		6	4	1			1		
5年以上10年未満	1		10		1				1	
10年以上										
合計	2	1	24	6	2	0	0	1	1	0

B老人ホーム　従業者の職種別・勤続年数別人数（本事業所における勤続年数）

職種／勤続年数	看護職員		介護職員		生活相談員		機能訓練指導員		計画作成担当者	
	常勤	非常勤	常勤	非常勤	常勤	非常勤	常勤	非常勤	常勤	非常勤
1年未満	1	1	14	4	1				1	
1年以上3年未満	1		6	2	1			1		
3年以上5年未満			3							
5年以上10年未満			1							
10年以上										
合計	2	1	24	6	2	0	0	1	1	0

図表4－14　重要事項説明書　従業者の職種別勤続年数別人数（比較例）

退職者数」など、細かなことまで書かれています。

「ここはパートや派遣スタッフが多いな、スタッフが集まっていないのかな」

「ここは、ほぼ全員が介護福祉士か初任者研修を受けているな」

「ここの管理者は、社会福祉士と看護師の資格をもっているんだな」

「ここの老人ホームは、短期間でたくさんの介護スタッフが辞めているな」

横断的に比較すれば、気がつくことはたくさんあるはずです。

また、糖尿病や高血圧だけでなく、心臓疾患、腎臓病などの疾患がある場合、「どのような病院と提携しているのか」「その提携内容はどのようなものか」といった医療関係の情報も重要です。その他、火災や防災に関する「スプリンクラーや自動通報装置の設置」「建物の耐震性能・耐火性能」、さらには現在の入居者の「男女別」「年齢別」「要介護別」「前年度の退居者数」の情報も細かく書かれています。

前年度の退居者数には、「死亡」「医療機関」「他のホーム」「自宅」などの理由も書かれていますから、自宅に戻る人、他のホームに行く人が多ければ、上手く適応できない人、不満で出ていく人が多いのかな……など、様々な疑問がわいてくると思います。

高齢者住宅のチェックポイントは、この重要事項説明書を読めばほぼすべてわかります。

その上で、「これはどういうことかな？」と様々な疑問点が出てきますから、それをまとめておいて、見学時に聞けばよいのです。聞きにくい質問ほど、大切な質問です。その質問、疑問にどのように応えるのかで、その事業者の資質やプロか素人かということが見えてくるのです。

高齢者住宅に入居しても、家族の役割は変わらない

ここまで、高齢者住宅の選び方について述べてきました。「素人事業者のリスク」について厳しく指摘しましたが、もちろん「どうすれば入居者に喜んでもらえるだろう」「家族に安心してもらえるだろう」と、一生懸命サービス向上に取り組んでいる高齢者住宅もたくさんあります。

親子で考え悩みながら、これからの理想の住まい、終の棲家を一緒に探すことは、良い老人ホームを選ぶということだけでなく、その後のホームでの生活にも大切なことです。

また、老人ホームに入っても、家族の役割は自宅にいるときと何も変わりません。アセスメントやケアカンファレスなどケアプラン作成への積極的関与、入居後には安全、快適に生活できているか、何か問題はでてきていないのかというモニタリングも重要な役割です。「家族が介護できないのは申し訳ない」と考える必要はまったくないのです。

これからは、多くの要介護高齢者が、終末期を老人ホームや高齢者住宅で迎えることになります。そのために気持ちの余裕をもって、家族と一緒に高齢者を支えてくれる、プロの高齢者住宅を探しましょう。

第5章

「介護と仕事の両立」「介護と経済の両輪」の時代に向けて

後後期高齢社会を迎える日本において、介護離職の増加は社会の根幹を揺るがす課題です。期間の長短はあれ、歳を取ればほとんどの人が要介護状態になります。

その一方で、特に認知症などは、まだまだ他人に知られたくないネガティブな問題としてとらえられています。その介護はプライベートな要素を多く含み、夫婦関係、親子関係、兄弟関係、更には住宅問題、金銭問題など、個々人の抱える様々な問題に影響、波及していきます。

それは多くの場合、「突然の介護で困っている」「親が認知症になった」と、上司や会社に気軽に相談できるような話ではないのです。会社に話をするときは、「会社を辞めるしかない」「昇格や人事異動を断りたい」といった、差し迫った状況になってしまっています。

「介護休業は労働者の権利です」「介護と仕事の両立を会社に相談しましょう」――そんな掛け声だけでは、介護離職を減らすことはできません。

介護で仕事を辞めない、辞めさせないという強い意思を持って、政府・企業が一体となり、社会全体で両立できる体制をどのように構築するのかを考えていかなければなりません。

1　介護離職ゼロに向けた「企業の取り組み強化」の視点とポイント

企業主体の従業者に対する介護問題の啓発活動が必要

二〇一五年に行われた第一生命経済研究所の調査によれば、四〇代、五〇代（両親とも死去した人を除く）に将来の親の介護について聞いたところ、その七五・八％が「不安がある」と答えています。この調査が行われた二〇一五年から二〇三五年のわずか二〇年で、八五歳以上の高齢者が一気に二倍になること、その四人に三人は独居または高齢夫婦になること、さらに少子化によって兄弟姉妹が少ないことなどを考え合わせると、親の介護や介護離職は、働き盛りの四〇代・五〇代、そのほとんどの人に関わってくる問題だということがわかるでしょう。

これまで日本では、「仕事とプライベートは分けること」「プライベートな問題を仕事に持ち込まないこと」が職業人としてのあるべき姿だとされてきました。また、会社も個人のプライバシーに踏み込むべきではないというのが近年の風潮です。

ただこれからは、親の介護という究極的なプライバシーに関わる問題が、企業・組織の存続に関わる課題になっていきます。介護休業の取得促進は、「労働者の権利」というタイプの話ではなく、経営者が事業安定のために取り組むべき喫緊の課題なのです。

企業は「介護休業の取得を推進する」ではなく、従業者の抱える介護問題を軽減し、安心して職場に復帰し、再び不安なく職務に邁進してもらうまでを目標にしなければなりません。そのためにまず必要となるのが、従業者に向けての啓発活動です。

「育児・介護休業法」という法律の存在や、「介護休暇・介護休業」という言葉は知っていても、その中身や「介護休業を使って何をすべきか」を理解している人は一部に限られます。

会社が行う介護休業の啓発活動には、四つの視点が必要だと考えています。

①介護休業中にすべきことがイメージできること

繰り返し述べているように、介護休業は、親の介護をするためではなく、気持ちの余裕をもって要介護状態になった親の生活環境や介護環境を整えるための期間です。

通り一遍に制度や法律の説明をするだけでは、せっかく取得しても十分に活かしきることができません。実際の介護休業の取得例を示し、取得によるメリットだけでなく、「生活環境の整備」「老人ホーム探し」など、介護休業中に行うべきこと、注意点がイメージできるように工夫することが必要です。

②職種・職場・職務別に介護休業取得がイメージできること

介護休業といっても、製造業、金融業、飲食業、小売業など業態・職種によって、業務の引継ぎ、ワークシェア、会社が行うべきサポートの方法は変わります。同一企業内でも事務職なのか工場勤務なのか、サービス業・飲食業など各店舗で働いているのか、また一般職なのか管理職なのかといった職務によっても違ってきます。

介護休業は、基本的に二回に分割すれば一ヶ月～二ヶ月程度、最大でも三ヶ月です。それぞれの企業の特性や業務内容に合わせ、介護休業相談・申請、引継ぎ・ワークシェア、休業期間中の連絡体制、そして業務復帰までのストーリーを作成し、「イザという時は自分も介護休業を取得できるな」と、個々の従業者がイメージできるようにしなければなりません。

③四〇代～六〇代だけでなく二〇代～三〇代にも説明

介護休業取得の中心世代は、「親の介護」に直面する四〇代後半～六〇代前半です。ただ、介護休業の対象は、親でなく祖父母や兄弟、子供、孫まで含まれます。孫が祖父母のために介護休業を取得することもできるため、二〇代～三〇代も対象となります。

「シングル三世帯」「祖父母と未婚の孫」など家族関係は多様化しており、孫が祖父母のために介護休業を取得する事例は増えると考えられています。従業者の権利として、二〇代、三〇代でも取得できるよう、説明しなければなりません。

また、介護問題に頭を抱えている親を見ている世代でもありますし、一〇年後、二〇年後、自分達にも確実に降りかかってくる問題でもあります。「介護休業をとる世代への理解・バックアップ意識の向上」「介護問題に対する会社の支援方針」を示す上でも重要です。

④八方ふさがりになる前に相談してもらう

親の介護に直面した時に、最も重要なのは「気持ちの余裕」です。介護休業は気持ちの余裕を持ち、じっくりと対策を練るための時間です。ただ、特に四〇代、五〇代の人は「会社に迷惑かけないように」「なんとか自分だけで」と考えるため、余裕がなくなり八方ふさがりで「会社を辞めるしかない」となった時点で、ようやく会社に状況が伝わることがほとんどです。

そうなると、「もう少し早く会社に相談してもらえば、できることはたくさんあった」「離職することもなかった」となり、本人にとっても会社にとっても大きなマイナスです。介護休業を取得する／しないは別にして、「親が要介護になりそうで困ったな……」というときには、できるだけ早く、できるだけ気軽に相談してもらえるように伝え、その体制を整えることが必要です。

介護休業取得に向けた社内規定・書類整備

二つ目は、介護休業取得に向けての申請・引継ぎなどのルール作りです。

介護休業は、「育児・介護休業法」という法律に定められた制度であり、労働者の権利（事業者の義務）です。①介護休業の対象となる労働者の範囲、②介護休業の対象となる家族の範囲、③介護休業の日数（九三日）及び分割取得（三回まで）、④介護休業の申請方法と申請事項などが法律で定められており、対象となる労働者から申請があった場合、事業者は介護休業を与えなければなりません。

介護休業を取得したことを理由として、配置転換や降格などの人事上の不利益を与えることも禁止されています。その期間について有給・無給は事業者が定めることができますが、無給の場合、雇用保険の「介護休業給付金」を受けることができます。

もちろん、休業期間中ですから、会社都合で業務を行わせることはできません。ただ、介護休業は、「リフレッシュ休暇」とは違います。介護支援に専念できるように業務の引継ぎやワークシェアを万全に行うべきですが、介護休業期間中であっても、二四時間介護を行うわけではありませんから、電話やメールをしたり、わからないことを確認したりという程度の時間を確保することは可能です。また、「法的な検査、資格の問題などで、介護休業期間中の数日だけ、どうしてもその人が出勤する必要がある」ということもあるかもしれません。

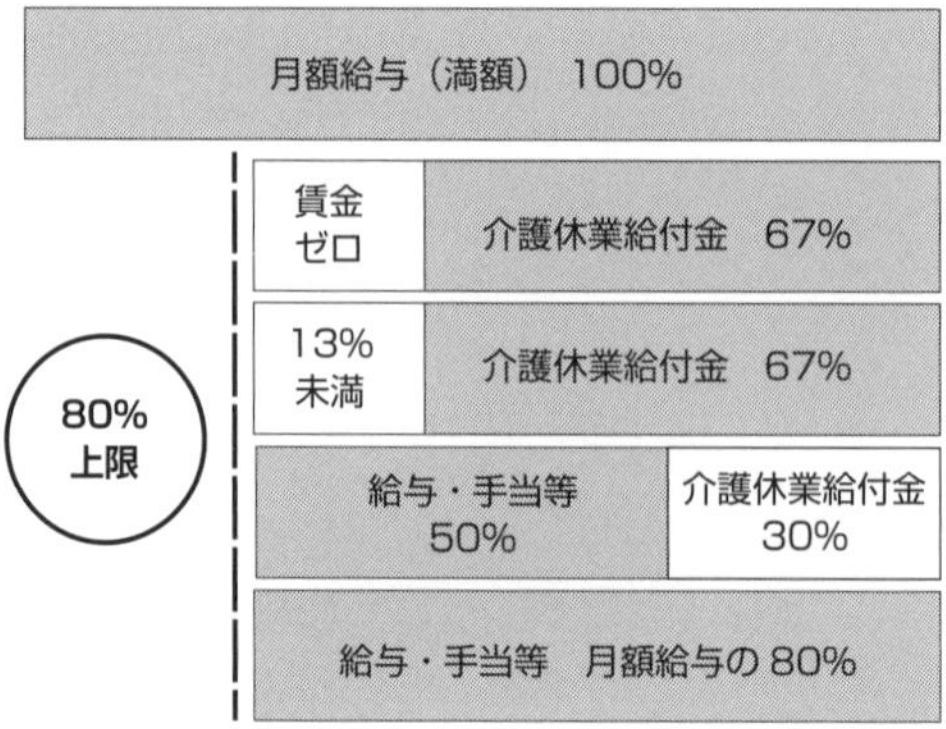

図表5－1 給与支払いがあった場合の介護休業給付金の減額

介護休業給付金は、「休業開始時賃金日額×六七％」ですが、この期間について会社から賃金が出ている場合は減額されます。ただし、図表5‐1で示したように、賃金と介護休業給付金と合わせて八〇％未満であれば、減額対象になりません。

そのため、「介護支援金」として一三％未満の手当てを行うことや、「介護休業中でも一週間に一回を限度に業務連絡を行う」「わからないことに対して指示を仰ぐことができる」「〇月〇日の行政の指導監査だけは立ち会う」など、柔軟な対応は可能です。業務の引継ぎの中で、個別に検討することはできるでしょうし、労働者の権利が阻害されないよう、労使協定などで休業期間中の業務の範囲を決めておくことはできるでしょう（その範囲・日数などについては、労働基準監督署等に確認してください）。

介護休業取得推進に向けて、各会社・企業で検討しなければならないのが、休業シミュレーションです。

介護休業は全労働者に与えられた権利ですが、実際はそれぞれの職場・部署・職務・立場などによって、「取得しやすい人」「難しい人」が出てきます。ただ、その問題を解決するのは従業者本人ではなく、会社の仕事です。「責任のある立場の人は取れない」「忙しい部署はとれない」は本人の責任ではなく、会社の責任なのです。

全員が取得できるようにするためには、事前の調査や準備が必要です。

介護休業の申し出は、休業期間の二週間前です。①現在行っているルーティン業務、②介護休業中のスケジュール・業務予定、③業務代行者、④業務の変更・対応、⑤代行できない業務への対応、⑥休業中の連絡方法などについて、「今から二週間後に介護休業で三ヶ月休む」となった場合、それぞれの職場、部署、職域で、どのような対応が必要なのか、何が困るのか、どうすれば取得できるのかをシミュレーションし、検討する機会を設けましょう。

育児休業と違い、「出産予定日まで半年以上あるのでゆっくり考える」「余裕をもって準備する」ということはできません。自宅で認知症になっていた場合など、二週間と言わず、できるだけ早く介護休業を取る必要がでてきます。どうしたらそれぞれの従業者が安心して、気を遣うことなく休業できるのか、その時にどのようにバックアップをするのか。会社は、そこまできちんと提示する責任があるのです。

企業内に介護と仕事をつなぐ相談窓口・相談担当を設置する

もう一つ重要になるのが、介護問題に対する相談体制の強化です。

育児休業の場合、その申請を行う従業者は、出産する母親本人もしくは父親です。子供ができたので育児休業を取りたいという申し出に対し、「どうして母親が育児をするの？　他に育児してくれる人はいないのか」と問う人はいないでしょう。

これに対し、介護は極めて複雑な問題です。

脳梗塞・骨折による入院であっても、「親の年齢」「要介護状態」「リハビリによる回復度」「高齢独居・高齢夫婦世帯」「同居・別居」「近隣居住・遠距離」「資産や所得」「従業者が既婚・未婚」など、一人ひとり状況は違います。それは夫婦関係、親子関係、兄弟関係、親戚関係、更には住宅問題、金銭問題など、個人を取り巻く様々な問題が関わってきます。

「介護休業は、まずは上司に相談しましょう」といっても、そりの合わない人もいるでしょうし、転勤してきてすぐということもあるでしょう。「風通しの良い会社」「なんでも相談できる上下関係」といった理想論だけでは、十分に対応しきれません。

また、上司は介護の専門家ではありません。そのため、悪気はなくても、アドバイスしているつもりで、

「奥さんや他の兄弟には介護は頼めないのか」

「うちの家では、長男の嫁さんが頑張ってくれて……」

「うちの親は介護付有料老人ホームに入っている」

などと安易に言ってしまうのです。それを説明するには、妻側の介護問題や兄弟関係、親の資産収入など、更に深くプライベートな話にまで踏み込まなければなりません。

上司が「他の方法はないのか、他の兄弟にお願いできないのか」と問うことは、実質的に「介護休業を取るな」と言っているのと同じです。次にその部下が上司のところに来るのは、「退職届」を持ってくるときです。その安易な対応が、会社にとっても、労働者にとっても不幸の始まりなのです。

ただこれは、その上司個人の問題ではありません。日本社会では、まだ「介護と仕事」が繋がっていないのです。

介護保険が始まって二〇年、ようやく「介護が必要になれば、地域包括支援センターへ相談」ということが周知されてきました。しかし、ケアマネジャーや相談員が見ているのは、本人の要介護状態や生活環境だけです。独居か高齢夫婦世帯か、子供と同居か別居かはケアプランの作成に関わってくる要素ですが、「介護休業は取れませんか?」といった家族の働き方にまで踏み込むことや、それを企業に提言することもできません。

また、プライバシーに関わる介護の相談には、専門的な知識・技術・経験が求められます。

そのため、企業が介護問題に取り組むには、人事部内に介護問題に応対する相談窓口・担当者を設置することが必要になるのです。

①人事部内に介護問題専用の相談担当者を設置
②担当者はケアマネジャー等、専門的知識と実務経験のある人を採用
③介護問題への相談は上司が受けるのではなく、介護担当者へと繋ぐ
④プライベートな問題は秘密厳守、本人の希望以外は人事にも反映されない
⑤従業者の介護相談、介護休業取得と業務への復帰を支援
⑥介護休業、介護問題への取り組み、社内の啓発活動

これは介護休業の取得だけでなく、スムーズな業務への復帰にも重要なことです。

多くの人にとって、親の介護は初めての経験ですし、介護休業の取得も初めてのことです。介護休業取得だけでなく、介護休業期間中に何をするのか、どのようなポイントに注意するのかは、一人ひとり違います。介護休業を取らなくても、また介護休業からの復帰後においても、仕事をしながら親の介護を続けるには、どちらの立場も理解し、アドバイスしてくれる仕事と介護を繋げてくれる専門職は必ず必要です。

後後期高齢社会の企業には、「従業者の介護問題に向き合う」「介護と仕事の両立を図る」という、より積極的な取り組みが求められます。日本の労働者の九割に上るサラリーマンの、プライベートな介護問題と仕事を繋げることができるのは企業だけなのです。

それは介護離職の減少というだけでなく、勤労意欲やチームとしての一体感など、企業にとっても、有形無形の多くのメリットを生んでくれるはずです。

2 介護離職ゼロに向けた「法制度の取り組み強化」の視点とポイント

介護休業促進のための広報活動の見直し

「介護離職ゼロ」をミクロの視点から家族の問題としてとらえた場合は「介護と仕事の両立」ですが、マクロの視点でこれからの日本社会全体をとらえた場合、それは「地域包括ケアと地域経済の両立」「社会保障政策と日本経済の両立」です。

これからの日本社会は、「後後期高齢化」「高齢核家族化」「生産年齢人口減少」「財政悪化」など様々な要因が一気に重なります。これを乗り越えていくためには、定年延長や再雇用制度によって、「働ける間は、できるだけ支える側にいてもらう」ということ、そして介護離職によって「働きたいけれど親の介護で働けない」という人をなくすことです。また、医療介護費用を削減するためには、家族の支えによって介護生活環境を整え、「重度化予防」を行うことが必要です。

政府は、「安心につながる社会保障」の新三本の矢の一つとして、介護離職ゼロにするという政策方針を掲げています。その土台になる「介護休業取得の推進」は、経済の活性化と社会保障費の削減、地域包括ケアシステムの推進という三つの柱につながる最重要課題です。

その実務の一つは、介護休業の広報活動の強化です。

育児休業と比較して介護休業の取得が進まない理由はたくさんありますが、突き詰めれば、「介護休業は使えない制度だ」と、企業だけでなく労働者からも認識されているからです。

①一般向けへの介護休業の広報

まずは、「介護と仕事の両立」という、曖昧なイメージを変えることです。

介護離職ゼロと言っても盛り上がらないのは、介護休業を活用して経済を活性化する、重度化を防ぎ社会保障費を削減するという積極的な議論ではなく、介護費用削減のために「家族も仕事を休んで介護に協力してほしい……」という消極的なイメージだからです。

親の介護に対する家族の役割と、公的介護保険・介護サービスの役割は違います。「介護が必要になったら介護休業を取る」「介護休業を利用して、親と自分にとってベストな方法を探る」「家族の役割はケアマネジメント・モニタリングの支援」といった根本的な発想の転換が必要です。

②企業・団体向け介護休業の広報

現在の政府が行っている介護休業の企業向けの広報は、「風通しの良い職場」「上司に相談できる雰囲気」といったイメージと、書類整備や手続きなどの制度説明が中心となっています。しかし、それらは業種、業態、職務に合わせて、各企業の人事担当者が考えることです。

「介護休業所得率二%」「介護問題を会社に相談した人七・六%」という状況を考えると、「事業推進に向けて企業が介護休業に取り組むべき理由」「介護休業から復帰のプロセス」など、介護休業に対するイメージの転換を促すとともに、製造業、金融業、飲食業、小売業など業態・職種に合わせて「介護休業の取り組み事例」を作成し、「うちの会社でも使えそうだな」「これからは介護休業の取り組みが必要だ」という認識を広めることです。

③介護関連事業者向け介護休業の広報

介護休業の取得促進には、地域包括支援センター、病院のMSW、居宅介護支援事業所など、介護相談やケアマネジメントを担当する介護関連事業者との連携、協力が不可欠です。「介護休業取得中の家族」に合わせたケアマネジメントを行い、サービススタート時のケアカンファレンスだけでなく、介護休業中のモニタリング、介護休業終了前の見直しなど、家族へのより積極的な支援が必要となります。特に、休業期間中に家族が適切にモニタリングできるよう、要介護認定が出る前の積極的な暫定ケアプランの作成やスケジュール管理が求められます。労働者本人が承諾した場合、企業内人事の介護専門相談員と情報共有も有効です。それぞれの業界団体と連携し、ケース検討や課題の洗い出し、支援のポイントなどについて、検討・検証が必要です。

以上、広報強化における、三つの方向性を挙げました。

この広報活動の実務を担うのは市町村であり、国や都道府県の役割は、その後方支援です。それは、「介護と仕事の両立」の土台となるのは、それぞれの自治体における「地域包括ケアと地域経済の両立」だからです。

市民に対しては、まず「親が突然要介護になった」時にどうするのか、どのような方法があるのかを分かりやすく示す必要があります。地域包括ケアシステムの推進状況やその方向性、要介護高齢者を抱える家族支援の取り組み、施策について、丁寧な説明が求められます。

域内の企業・団体に対しては、介護休業推進の重要性を伝え、支援の取り組みを行います。企業内の介護担当相談員の設置も、企業規模によっては、専用のスタッフを確保することが難しいでしょうから、市町村が代行する、社会福祉協議会や地域包括支援センターに専門部署を作り、各企業が委託をするというのも一つの方法でしょう。それが域内の地域包括ケアシステムのネットワークの一つとして機能すれば、他の地域包括支援センターやＭＳＷ、ケアマネジャーにも理解が広がっていくでしょう。

地域包括ケアシステムの推進には、域内の企業・団体の協力、要介護高齢者を抱えながら働く家族への支援、域内の介護サービス事業者の理解という、三位一体となった取り組みが不可欠なのです。

働き方改革に合わせた、より使いやすい「介護休業」の制度設計を

介護休業取得推進のためには、制度設計の見直しも必要です。

制度スタート当初、介護休業は「最大九三日」「一人の対象者に対して一回だけ」というものでした。これが平成二九年の改正で、「最大九三日」は変わりませんが、三回に分割して利用することが可能となりました。分割することで、「要支援・軽度要介護の時は、自宅で訪問介護・デイサービスを使う」「重度要介護になったので、特養ホームや介護付有料老人ホーム

を探す」といったように、要介護状態に合わせて複数回、生活環境の見直しができるようになりました。

より使いやすい制度にするためには、さらに四つの取り組みが必要だと考えています。

①要支援〜軽度要介護の時の取得を促進する

現在の介護休業制度の課題の一つは、対象者を「要介護2以上」に限定していることです。それ以外の人も評価表に基づいて取得することは可能ですが、原則として要介護2以上と限定することで、「介護休業は介護が重い人の制度なんだ」と誤認させることになり、要支援〜要介護1の人は、利用しにくくなります。

しかし、介護休業制度は、「重度要介護になった時」ではなく「要支援〜軽度要介護の時に一回目を取得する」ということが重要です。「家の中で転倒することが増えている」「最近、食欲がなく元気がない。物忘れがはげしい」という段階で、早期に介護休業を取り、「事故や失火のリスクの種はないか」「認知症の可能性はないか」「見守り電話、手すりを付けよう」「配食サービスを週二回から始めよう」など、生活環境を見直すことが大切なのです。

そのため、対象者を「要介護認定申請を行っている（行う予定である）」に広げ、要支援〜軽度要介護の時に積極的に利用できる制度とすべきです。事例では一回目の休業は一ヶ月程度としていますが、二週間でも休みをとって生活環境を一緒に見直せば、転倒・骨折・火災などの事故リスクが軽減でき、重度化の予防ができます。

②高齢者の住まい探しのための介護休業の活用

現在の介護休業は、「介護の生活環境を整える期間」とする一方で、病院への入院中、老健施設入所中の要介護高齢者を対象とした介護休業に対する明確な回答をしていません。

要介護高齢者の日常生活に必要な便宜を供与するとはどういう意味なのか。

それは、自宅での直接介護だけでなく、退院後の生活環境の整備等を含む、きわめて広い概念です。老健施設への入所中、病院の入院中で家族が直接介護する必要がなくても、その退所後・退院後の介護生活環境を整えるという観点から、特養ホーム、グループホーム、高齢者住宅などの住まいを探す期間も、介護の概念に含まれると考えるべきです。

③テレワーク時代に向けた弾力的な介護休業の活用

コロナ禍やネットサービスの進展で、テレワークや在宅勤務が進む中、より弾力的な活用を可能とする、もう一歩踏み込んだ運用の見直しが必要です。

現在の制度は、「全休」「三分割の連続休暇」が原則となっており、介護休業給付金の支給には「介護休業中に仕事をした日数が月に一〇日以下」という規定もあります。

ただ、繰り返し述べている通り、介護休業というのは「家族が付ききりで介護をする期間」ではありませんから、「一ヶ月間は全て休業」「連続休業」「介護休業期間中は仕事をしてはいけない」とすべき理由はありません。デイサービスを利用している時間帯もありますから、自宅のパソコンで資料を作ったり、情報通信技術を使って部下に指示をしたり、時間を調整すれば、テレビ会議システムでミーティングに出席することも十分に可能です。

「介護休業は全体で九三日」という期間は同じだとしても、「九三日を三回に分割して全体」を原則とするのではなく、「九三日を限度として断続的に休業できる」とすれば、多くの労働者・企業が、仕事に合わせて無理なく効率的・効果的に活用することができます。

④独居認知症高齢者の生活に合わせた介護休業の活用

介護生活環境の整備・構築で一番難しいのが、「独居認知症高齢者」への対応です。

認知症高齢者は、夜間の徘徊など想定できない行動が多くなるため、二四時間三六五日、包括的な介護が必要となります。中程度以上の場合、一人暮らしは難しく「特養ホーム・高齢者住宅への入所・入居」が基本となりますが、認知症対応ができる高齢者住宅やグループホームは費用が高額となることや、一部地域では特養ホームへすぐに入所することは難しいため、一

◇「要介護２以上」ではなく、対象を要支援〜軽度要介護にまで拡大する

◇生活環境整備のための全ての行為を介護として積極的に認める

◇在宅勤務・テレワークなど、働き方に合わせた介護休業の取得ができる

◇「全休」「連続休暇」ではなく、弾力的な介護休業の取得ができる

◇独居認知症高齢者を対象とした介護休業期間の伸長を検討する

◇ケアプランと連動した介護休業の取得の方法を検討する

図表５－２　より使いやすい「介護休業」の制度設計へ

定期間は訪問介護や通所介護を利用しながら夜間は家族が見守りを行うなど、どうしても直接的な介護を行う必要があります。

この独居認知症高齢者のケースは、今後、確実に増えていきます。そのため、認知症高齢者を対象とする介護休業は、「一二〇日」と日数を増やすなどの対応を取るとともに、③で述べた弾力的な運用と連動させ、毎月のケアプラン変更に合わせて、一ヶ月のうち二週間はショートステイで対応、二週間は「介護休業＋テレワーク」というように、特養ホームへの入所ができるまで、一年・二年という長期をめどに弾力的に運用できるよう、活用方法の検討、工夫が必要です。

介護を取り巻く環境は、一人ひとり違います。介護休業制度は、「介護生活環境の整備のための期間」が基本ですが、独居認知症のように、一定期間、家族が介護に関わらざるを得ないこともあります。「要介護＋末期がん」などで、複数の家族で交代しながら自宅で看取ってあげたいという人もいるでしょう。

介護休業制度は、個々人の事情、企業の様々な業態、多様な労働環境に適応し、できるだけたくさんの企業・労働者が使いやすいことが何より重要です。四角四面の制度ではなく、働き方改革や情報機器の進化に合わせて、一人でも多くの労働者、一つでも多くの企業が活用できる弾力的な制度運用が求められます。

「経済と介護は社会の両輪」の意味をもう一度見直す

国や自治体の責任・役割として自覚すべきことは、そもそも介護システムが崩壊すれば、介護休業制度など全く意味をなさないということです。

家族が重度要介護、認知症になったときは、二四時間三六五日、必ず誰かが付き添って介護しなければなりません。一人では、食事をとることも、排泄をすることも、風呂に入ることもできず、一日も生活が維持できないからです。介護サービスが不足すれば、働き盛りの子供、配偶者のうち誰かが、必ず仕事を辞めなければなりません。

また、親の年齢が重なるため、複数の親の介護期間が重なることも珍しくありません。夫婦二人で、それぞれの親を介護するとなると、どちらも仕事を続けられません。その結果、家族の中に誰も働き手がいなくなり、介護する人とされる人だけになってしまいます。それは、これからの日本では特殊な家族像ではありません。

介護は、家族の問題だけではなく、社会の問題です。労働人口の減少に拍車がかかり、経済は低迷、税収や社会保険料も低下、更に介護システムは小さくなり、増加するのは生活保護世帯だけという、負のスパイラルに突入します。介護システムは、経済・社会を安定的・持続的に回していくために不可欠な必須アイテムなのです。

お金も支える人も不足する私たちの社会に残っているものは、「知恵」だけです。

◇在宅介護と高齢者住宅介護の役割を分離する
◇老人福祉施設、介護保険施設、高齢者住宅の役割を分離する
◇認知症介護と身体介護を分離する
◇福祉施策と低所得者施策を分離する
◇「囲い込み介護」「押し売り医療」などの不正を根絶する
◇介護休業・介護休暇の取り組みを加速する
◇IT、ロボットによる在宅見守り機能を進化させる
◇家族介護と公的介護の役割を分離する

介護需要は減らせませんが、介護費用はまだまだ削減できます。矛盾・無駄・不正を排除す

るためにできること、やるべきことはたくさん残っています。

また、これからは「介護費用を削減するために、介護保険を使う」という発想も必要です。要支援～軽度要介護高齢者向けに、「会話・ニュース」「電話・通信」「防災・防犯」「急変の発見」などのサービスを一体的に提供する、AIスピーカーによる在宅見守り機能を進化させ、その一部費用を介護保険で支援するというのも一つの方法です。

「仕事と介護を両立する」というのは、家族に仕事も介護も担ってもらう、介護と仕事のバランスを考えてもらうというのではなく、親が要介護高齢者になっても、家族が安心して全力で仕事ができる環境、社会のシステムを整えるということです。

介護サービスが使えないから、お金がないから、人がいないから、家族が仕事を辞めて介護するしかない、また、仕事が忙しくて介護休業をとれない、介護休業をとるとそのままリストラされるという状態は、何としても避けなければなりません。

「経済と社会保障は社会の両輪」

この意味をもう一度、社会全体で問い直す必要があるのです。

3 「突然の親の介護」に向けての心構え・想定をしておく

万全な準備はできないが、想定はできる

「突然の要介護」に備えるために「これをやっておけば大丈夫」という回答はありません。要介護状態になるルート、生活環境、家族等の関係がそれぞれに違うからです。また、十全の準備ができるかと言えば、それも不可能です。

ただ、述べたように、要介護状態になるルートとしては、

①骨折・脳梗塞など、事故や容態急変で入院し、一気に要介護状態になるケース

②身体機能の低下によって、少しずつできないことが増えていくケース

③認知症の発症によって、独居生活の維持が困難であることが発覚するケース

の大きく三つに分かれます。それぞれの家族で、「自分の親が突然要介護」になった時に慌てないように、想定、心づもりをしておくことは十分に可能です。

①異変を早期に察知・発見する

まずは、元気な時でも、異変を早期に察知・発見する仕組み、方法をつくることです。

高齢期になると、学校や仕事といった土台となる毎日のスケジュールがありません。一人で元気に暮らしていても、二、三日誰とも会わないということも多く、「入浴中に亡くなってい た」「亡くなってから一週間後に発見」というケースが増えています。特に、事故や容態急変は、ある日突然、発生します。

「週に二度は電話する」「新聞が二日取られていない場合は、販売店に連絡してもらう」「近くの親族に時折、訪問してもらう」「異変を感じたときは、近所の仲良しの人に見に行ってもらう」など、それぞれに色々な方法が考えられるでしょう。

こちらから電話をするだけでなく、週に一度、曜日と時間を決めて電話してもらうのも、一つの方法です。認知症になると、物忘れや失見当識によって時間や曜日がわからなくなります。「毎週、月曜日の夜八時に電話してね」と言っておいて、それがかかってくる間は大丈夫だと考えて良いでしょう。「そんな必要ない、大丈夫」と言われるかもしれませんが、「私の安心のためにお願い」と説明しましょう。

②帰省時にはモニタリングを行う

二つ目は、帰省時には、意識的にモニタリングを行うということです。

親が高齢になってからの帰省の目的の一つは、「事故・急変リスク」「火災・自然災害・犯罪リスク」のチェック、モニタリングと、将来の介護・生活についての話し合いです。親の家が離れていると頻繁に帰省することは難しく、一年に一度、一年に二度が限界という人も多いでしょう。

その時は、一回当たりの帰省を少し長めにして、親と将来、介護が必要になった時にどうしたいかについてゆっくり話をするとともに、「防犯・見守り電話の導入」「近隣の親族への挨拶・依頼」など、現実的な対策を一つでも行っていきましょう。

「どちらかの親が亡くなって、一人暮らしになった時」「仕事を辞めて、決まったスケジュールがなくなった時」など、高齢期には生活環境が変わる、いくつかのきっかけがあります。ただ、これも「あれがダメ」「これも危ない」と押し付けると、不機嫌になり前に進まなくなりますから、「例えば骨折して動けなくなったら」「私の会社の人のお母さんがね……」と、親のことを心配している、できることがあれば手伝うよという気持ちが伝わるように、冷静に丁寧に伝えましょう。

③自分の介護休業についてシミュレーションを行う

三つ目は、介護休業を取ることを、実際に考えてみるということです。

親が八〇歳を超えたときは、将来の要介護に備え、「介護休業の規定はどうなってますか？」

と人事に問い合わせたり、会社の同年代の人と親の介護について話し合ったりしてみてください。そして、「もし明日、親が転倒・骨折して要介護になったら」「二週間後から介護休業を取得するとすれば、どんな調整・引継ぎが必要か」について、一人ひとり考えてみましょう。

もちろん、様々な課題や問題点が出てくると思いますが、その心構えや問題点を整理しておくだけで、漠然とした将来不安に悩まされたり、「何をすればよいかわからない」「どうしてよいかわからない」と焦ってパニックになることは防げるはずです。

介護離職を選択する時の注意点とポイント

最後にお伝えするのは、介護離職を選択する場合の注意点です。

ここまで、介護離職のリスクについて述べてきました。介護離職を一人でも減らし、社会を支える側にいてもらうというのは、後後期高齢社会の基本です。

しかし、それは個人として良いか、悪いかという問題ではありません。「できるだけ自分で介護をしたい」「最期は家で看取ってあげたい」と思うのは、当然のことです。

ただ、「親の介護をしたいから」と「仕方ないから」は全く違います。犠牲になるという気持ちが少しでもあれば、仕事を辞めるという選択をすると後悔します。述べたように、仕事を辞めなくても家族の役割を果たす、親の介護に携わる方法はあります。

また、本書では四〇代、五〇代の常勤の正規労働者をイメージしてお話ししましたが、労働形態を問わず、また主婦などで仕事をしていなくても、現在老親と同居をしていても考え方は同じです。介護は長期に渡りますし、その後に残された自分の人生もあります。一時期の感情、焦りで方針を決めない、自分の生活と気持ちを第一に考える、その中でベストを尽くして無理をしないことが原則・鉄則です。

その一方で、介護現場にいると、「こんな方法がありますよ」「こうすれば良いですよ」と明確な回答、アドバイスのできるケースばかりではありません。それぞれの家族にはそれぞれに生活、関係、考え方、事情があり、二人兄弟、三人兄弟であっても、役割や負担を等分できるわけではないからです。どうしても中心となる一人だけに負担がかかりやすく、いまだに「長男だから、長男の嫁だから」と、親戚の中にもあれこれ言う人もいて、介護サービスがあっても、お金があっても上手くいくとは限りません。責任感の強い人、まじめな人ほど負担が重くなるのが介護なのです。

相談しながら泣きだす人もいますし、私も、「このケースはどうすれば良いのか……、自分だったら仕事を続けられるか……」と頭を抱えるような事例もたくさんあります。会社に理解がなく、やむなく介護離職を選択せざるを得ないという人もいるでしょう。

ただ、その時に大切なことは、閉じこもらないで、社会との関わりをもち続けるということです。

要介護状態、認知症の親と二人きりでいると、他の人と会話をすることもなくなってしまいます。生活も発想も次第に内向きになり、どんどん気力がなくなっていきます。

離職時の年齢にかかわらず、必ず三ヶ月のうちに、何か新しい目標をもって、新しく社会と関わる方法を見つけましょう。デイサービス等を使って、自分が自由にできる時間、家の外にでる時間をできるだけ多く確保しましょう。

例えば、認知症高齢者や在宅介護を行う家族のためのグループに入れば、色々なことがわかります。ボランティアに参加するのも良いですし、日中はデイサービス等にお願いし、空いた時間にパートタイムの仕事に出るのも一つです。

せっかくなので、介護の仕事はどうでしょう。老人ホームで夜勤をしたり、フルタイムで働くのは難しいとしても、デイサービスで運転手をしたり、配食サービスの支援を行ったりと、限られた時間の中でも、できることはたくさんあります。そうすると、たくさんの人に出会うことができ、新しい世界が広がります。

空いた時間を利用して、ホームヘルパー（介護職員初任者研修）の研修を受ければ、親の介護の知識や技術も得ることができますし、介護が終わった後の仕事探しにも役立ちます。七〇代でもホームヘルパーとして活躍している人はたくさんいますし、そこからケアマネジャーの資格を取る人もいます。

あなたが介護した経験、そこから学んだ知識、技術、感じたこと、悩んだこと、泣いたことは、親のためだけでなく、介護が終わった後も、たくさんの人の役に立ちます。

「人間至る所青山あり」

それは、若者だけに向けた言葉ではないはずです。

あとがき

まず、この本を手に取っていただいたことに、御礼を申し上げます。

本書『介護離職はしなくてもよい』は、家族向けの介護セミナー、高齢者住宅セミナーでお話ししている内容をまとめたものです。本書に興味をもっていただいたのは、「親の介護は自分が中心になってやらなければならない」という気持ちがあるからだと思います。

私は、介護や福祉の現場にいて、様々な家族関係を見てきました。「親の介護は自分が……」と思えるのは、大切に育ててもらったことの裏返しであり、とても幸せなことだと思います。

ただ、〝あわてないように〟といっても、実際に親が突然、病気や事故、認知症で要介護になればショックを受けます。それは私も同じです。四人の親のうち二人は認知症となり、特に、実母は進行の早いタイプのものでした。それを聞いたとき、愕然とし、眠れない日が続きました。

「介護はプロに任せましょう。頑張りすぎないことが大切です」

私も含め専門家は口を揃えてそう言いますが、それで解決できるのであれば、介護虐待や介護殺人、介護心中など、痛ましい事件は起こりません。

「無理をしない介護」と言われても無理をしてしまう、頑張る人に負担が集中してしまう、そして精神的に追い詰められていく……それが家族介護の一面であることは否定できません。

本書の最後に、専門家としてではなく、認知症の親を介護した一人の家族として、自分を守るために必要な心構えを三つ、お伝えしておきたいと思います。


まず一つは、インターバルの時間を確保するということ。

介護は二四時間三六五日と言われますが、しっかり眠らなければ介助者が先に潰れます。

認知症の昼夜逆転などで眠らない時には睡眠導入剤などを処方してもらう、夜中にトイレに何度も起こされる場合はオムツを使ってもらうなど、医師やケアマネジャーと相談し、必ず介護をしない時間、介助者がゆっくりと眠れる、心身を休める時間を確保しましょう。介護が長期間に及ぶときは、定期的にショートステイを利用するなど、連続して介護を離れる時間を作りましょう。

二つ目は、介護を分担するときは、事前に役割・中身を決めておくということ。

家族介護は、誰かが誰かを手伝うものではなく、全員が主体者となって負担を分担し合うものです。「何でも言ってね、できることは手伝うから」では、一番重い負担をしている人が他の人に助力をお願いすることになります。その依頼をすることが精神的に大きな負担になります。介助者が複数いる場合には、週末には帰ってきて介護を替わる、遠方にいる場合は金銭的な支援をするなど、事前に、それぞれが最低限すべきことを決めておきましょう。

気が向いたときだけやってきて、「あれができていない」「こうしたらどうだ」と口だけ出す人もいます。怒ったり悩んだりしても意味がないので、「そういう人なんだ」「この人のために介護しているわけではない」と気持ちを切り替えましょう。

そしてもう一つ、家族が在宅介護を継続する上で最も重要なことは、「共倒れになるかもしれない」と感じたときの避難方法を事前に想定、準備しておくということです。

要介護、認知症の親の介護をしていれば、誰でも疲弊していきます。苛立ちが消えない、何もしたくない、親に当たってしまった……と感情のコントロールができなくなり、そのためにまた落ち込むという負のスパイラルに陥ります。

私も重い認知症の母を実家で介護していた時、寝不足や疲れが進むにつれ、どんどん思考が内向きになり、共依存の関係になっていくのがわかりました。私は社会福祉士やケアマネジャーの資格を持ち、介護経験も豊富です。妻も一緒でしたから一人で介護をしていたわけではありません。それでも、「このままでは危ない」と感じることがあったのです。

例えば、老健施設であれば、三ヶ月程度のミドルステイの入所ができます。疾病があれば一時的に入院も可能です。それは決して介護から逃げることでも、家族の責任を放棄することでもありません。あなたが風邪で寝込んだり、腰痛や骨折で介護できなくなるのと同じなのです。ケアマネジャーに、「突然、介護が続けられなくなった時には、どんな方法がありますか?」と聞いて、それを知っておく、想定しておくだけでも気持ちはずいぶん楽になります。

介護は二人三脚です。介助者が疲弊すると、親も一緒に倒れてしまいます。

認知症高齢者の感情・表情は、介助者の感情・表情を鏡のように映すと言われます。あなたが自分の心と体を守ることが、親の穏やかな生活を守ることになるのです。

家族の果たすべき役割は、権利や意見の代弁者であること、介護生活環境を整えること、そして、笑顔で「お母さん、お父さん」とやさしく呼びかけることです。それ以外のことは、家族よりも上手にできるプロはたくさんいるのです。

ここまでお読みいただき、ありがとうございました。

本書が、少しでもあなたの気持ちを軽くすることができたのであれば、筆者としてそれ以上の喜びはありません。

令和二年一〇月　京都にて

濱田孝一

濱田孝一（はまだ・こういち）
1967年生まれ。経営コンサルタント。1990年立命館大学経済学部卒業。旧第一勧業銀行入行。その後、介護職員、社会福祉法人マネジャーを経て、2002年にコンサルティング会社を設立。現在は「高住経ネット」の主幹として、高齢者住宅、介護ビジネス、介護人材育成などのコンサルティング・講演・執筆を行っている。社会福祉士、介護支援専門員、宅地建物取引士、ファイナンシャルプランナー。
ホームページ　http://koujuu.net/
E-mail　hamada@koujuu.net

介護離職はしなくてもよい
――「突然の親の介護」にあわてないための考え方・知識・実践

2020年10月30日　初版第1刷発行

著者 ――― 濱田孝一
発行者 ―― 平田　勝
発行 ――― 花伝社
発売 ――― 共栄書房
〒101-0065　東京都千代田区西神田2-5-11出版輸送ビル2F
電話　03-3263-3813
FAX　03-3239-8272
E-mail　info@kadensha.net
URL　http://www.kadensha.net
振替 ―――00140-6-59661
装幀 ――― 黒瀬章夫（ナカグログラフ）
印刷・製本 ― 中央精版印刷株式会社

ISBN978-4-7634-0944-7 C0036